動画でわかる 日本語教育実習ガイドブック

実習生から新任日本語教員まで使える
実践研修のてびき

中西久実子編　中西久実子・井元麻美著

まえがき

この本の内容

　この本は，登録日本語教員の資格認定に必要な日本語教育の実践研修（実習）に必要なことを示すものです。実習には，1）オリエンテーション，2）授業見学，3）授業準備（指導案と教材の作成），4）模擬授業，5）教壇実習，6）実践研修全体総括（振り返り），の6つのことが含まれますが，この本はこれら全てを網羅しています。

　著者 中西久実子は慶應義塾大学，京都外国語大学において2024年現在で25年間にわたり，日本語教員養成課程で日本語教員養成を担当し，日本語教育の実習の指導を担当してきました。また，著者 井元麻美は国際交流基金日本語専門家（ニューデリー）として日本語教員養成講座の実習担当をした経験があり，日本語教育実習をテーマにした博士論文を完成させています。この本では，著者の教育実習指導の経験をもとに日本語の授業を実践するために必要な準備・技術・基礎知識などを提供します。提供するのは，どんな教授法の授業であっても安心して日本語が教えられるように，教授法に関係なく使える一般的で汎用性のある日本語教育の技術と情報です。

　登録日本語教員の実践研修（実習）については，登録実践研修機関として認定された機関でおこなわなければなりません。詳細については，日本語教育機関認定法ポータルなどの情報を参照してください。

対象とする読者

　この本が対象にしている読者は，下記のとおりです。
- ・登録日本語教員をめざして実習をおこなう予定の方
- ・大学などで実習生を送り出す指導教員
- ・日本語学校など実習校で実習生を受け入れる担当教員
- ・日本語を教え始めたばかりの初心者の方・日本語をこれから教える方

　この本は，小学校5年生以上の漢字にルビをつけることで，非日本語母語話者の方にも読みやすくなっています。

この本の構成

この本は，下記の1～5部で構成されています。

1部 1章と2章では，実習のオリエンテーションとして日本語を教える準備を始める前に必要な一般的な知識を示します。

2部 3章から7章では，授業見学までに知っておきたい知識を示します。

3部 8章と9章では実習をおこなう際のマナーや実習の記録を保存して自己研修型の教員になれるような記録の方法を示します。

4部 10章では，授業準備（指導案や教材作成）に必要な知識，そして，11章では，模擬授業に必要な知識を示します。

5部 12章では，教壇実習に必要な知識と振り返りに必要な知識を示します。

それぞれの章は以下のように構成されています。

1．この章で何ができるようになりますか
2．見てみましょう
　　2－1　違いは何ですか
　　2－2　動画を見るポイント（動画がない章は「比べるポイント」）
3．読んで考えましょう〈動画の解説〉〈読んでおきたい知識・情報〉
4．自分の場合はどうなるか書いてみましょう
5．もっと詳しい情報を得るために読むべきリソース

5・9・10・11・12章には動画がないので，章の構成が異なります。また，他にも異なる構成の章があります。

この本では重要な情報に★印をつけ，読んでおくだけでいい情報には●印をつけて区別できるようにしてあります。

１．この章で何ができるようになりますか

各章の初めには，その章を読めばできるようになることを示しています。

２．見てみましょう

ここでは，動画を見て質問に答えてください。

２－１　違いは何ですか

複数の動画や説明を比べることによって，授業の実践に必要なことを考えます。2－1は質問形式になっています。その答えになる解説は3．で示します。動画を見るヒントは2－2に示します。ヒントを見なくても解答できる方は，2－2を読まずに3．に進むこともできます。

2-2 動画を見るポイント
　2-2には答えを導くためのヒントが書かれています。
3．読んで考えましょう
　3．では，2．で考えたことについて下記のような解説が示してあります。
動画の解説
　2．の動画の質問に対する答えの例とそれを導く解説を示します。
読んでおきたい知識・情報
　動画の解説の他に授業の実践に必要な知識・情報を示します。
4．自分の場合はどうなるか書いてみましょう
　2．と3．の内容を自分の授業に当てはめて，自分の授業ではどうするかをワークシートに記入します。読者のみなさんご自身が授業実践に最適なヴァリエーションを選択してスムーズに準備ができるように導きます。
5．もっと詳しい情報を得るために読むべきリソース
　授業実践・研究などのために役に立つ詳しい情報を提供します。

この本の使い方
　この本は12章の構成でそれぞれの章は独立した内容になっていますので，どの章からでも使い始められます。8章「授業実践の記録と共有の方法」，9章「授業実践に必要なビジネスマナー・心構え」は実習校で実践研修（実習）をおこなう方が実習の前に必要な情報ですので，実習の準備より先に模擬授業をおこなう場合は，先に10章と11章をお使いいただくことをお勧めします。
　この本には，本冊の内容を抜粋した別冊「実習生用書き込みシート」があります。
<u>◎大学などで実習生を送り出す指導教員・日本語学校など実習校で実習生の受け入れ担当教員の方へ</u>
　別冊「実習生用書き込みシート」の答えと解説が本冊に示されています。答えと解説を実習生に見せずに指導をしたいという方は，最初の授業の時に，受講生から本冊を預かって保管し，最後の授業の時に返却するなどしてください。
<u>◎登録日本語教員をめざして実習をおこなう予定の方，日本語を教え始めたばかりの初心者の方・日本語をこれから教える方へ</u>
　本冊の1章から使い始めてください。「実習生用書き込みシート」は必要な

時にご使用ください。

オンライン資料のご請求方法

　この本『動画でわかる日本語教育実習ガイドブック』の動画と資料をご利用いただけます。下のURL（二次元コード）をご覧ください。

https://forms.gle/PiiBXR88ZH51YKDU9

☛の記号はこの本の中の参照ページを示します。
☞の記号はこの本以外の書籍の参照ページを示します。
この本では下記の略した表記を使います。

	表現	略した表記
1	登録日本語教員のための日本語教育実践研修	実習
2	登録日本語教員の資格を取得するために実習を予定している方	実習生
3	実習生を送り出す元となる大学などの教育機関の教員	指導教員
4	実習生を受け入れる先の日本語学校など日本語教育機関の実習授業担当教員	実習校の担当教員

　この本は共同執筆ですが，内容の原案と編集，動画原案・動画監修は，中西が担当し，動画スクリプト作成・撮影監修・編集は井元が担当しました。また，動画撮影は李迅氏，イラストは南由希子氏に協力をお願いしました。

目　次

まえがき ... iii

1部　授業実践のオリエンテーション ... 1

1章　日本の学校教育の授業とどう違いますか? ... 2
—教育方法・目標についての教員としてのビリーフ—

- 動画1 ... 2
- ワークシート1　これまでの授業とこれからの授業の比較 ... 7
- ワークシート2　日本語教員としての目標・ビリーフ(1)まずは可視化しましょう ... 8

2章　教授法　—どんな教え方をしますか?— ... 10

- 動画2 ... 10
- 日本語教員の豆知識1　2種類の復習の違い ... 13
- 日本語教員の豆知識2　理解語彙と産出語彙 ... 14
- 日本語教員の豆知識3　作り話で復習できます ... 14
- ワークシート3　自分の授業で使う教授法や教材 ... 15

2部　授業見学までに知っておきたい知識 ... 17

3章　授業実践で大切なこと　—どんな場面のCan doで授業をするか示す— ... 18

- 動画3 ... 19
- 動画4 ... 19
- 動画5 ... 20
- 動画6 ... 20
- 動画7 ... 20
- ワークシート4　自然な場面の会話のための骨組みシート ... 24
- ワークシート5　課題解決型の授業のワークシート ... 27
- ワークシート6　指導案(大まかなメモ) ... 28
- ワークシート7　インフォメーションギャップのシート ... 29
- 日本語教員の豆知識4　リピートと自発的発話の違い ... 30
- 日本語教員の豆知識5　オープンクエスチョン・フルセンテンスで答えさせる ... 30
- 日本語教員の豆知識6　海外で行われている課題解決型のPBL ... 30

4章　授業で使えるテクニック　32
　動画8　32
　動画9　33
　動画10　38

5章　教科書とカリキュラム　—どんな教科書でどう教えますか？—　40
　ワークシート8　自分が授業をする教科書の情報　45

6章　クラスコントロールのためのテクニック　48
　動画11　48

7章　授業見学　—見学で何を見ればいいですか？—　54
　動画12　54
　ワークシート9　見学の総まとめ（この教員のここを真似したい）　57
　ワークシート10　見学報告シート　58
　ワークシート11　日本語教員としての目標・ビリーフ（2）授業見学の後の変化　58

3部　教員としての成長を記録しましょう　59

8章　授業実践の記録と共有の方法　—ダイアリとポートフォリオ—　60
　動画13　60
　💡日本語教員の豆知識7　授業の実践前に学習者と仲良くなるメリット　63

9章　授業実践に必要なビジネスマナー・心構え　64
　ワークシート12　実習のスケジュール　65
　ワークシート13　実習などで大学での授業などを欠席する連絡メール　67
　ワークシート14　実習校の担当教員への挨拶メール　67
　ワークシート15　実習校の情報　67
　ワークシート16　自分が授業をするクラスの情報　68

4部　授業の準備をしましょう　69

10章　指導案を作成してみましょう　70
- ワークシート17　指導案の具体化　71
- ワークシート18　自分の授業とその前後の授業　72
- ワークシート19　日本語母語話者は自分が担当する内容(文法, 会話など)をどう使っているか　73
- ワークシート20　自分の授業内容は他の教科書ではどうか　74
- ワークシート21　自分の授業内容は文法の解説書ではどう説明されているか　74
- ワークシート22　定着のための練習　76
- ワークシート23　危機管理メモ　78
- ワークシート24　指導案のヴァージョンアップ　79
- ワークシート25　詳細な指導案(セリフ入り)　81

11章　模擬授業をしてみましょう　84
- ワークシート26　自分の授業の大まかな流れを暗記　87
- ワークシート27　日本語教員としての目標・ビリーフ(3) 模擬授業の後の変化　91
- 💡日本語教員の豆知識8　就職時に必ずしなければならない模擬授業　92

5部　教壇実習と振り返り　93

12章　授業実践(教壇実習)の当日のこと・授業後の振り返り　94
- ワークシート28　振り返りのチェック項目　97
- ワークシート29　ダイアリ　98
- ワークシート30　日本語教員としての目標・ビリーフ(4)授業実践(実習)を終えた後の変化　99

動画一覧　101
あとがき　102
著者紹介　104

1部

授業実践のオリエンテーション

1章　日本の学校教育の授業とどう違いますか？
―教育方法・目標についての教員としてのビリーフ

　　登録日本語教員の資格認定に必要な日本語教育の実践研修（実習）には，1）オリエンテーション，2）授業見学，3）授業準備（指導案と教材の作成），4）模擬授業，5）教壇実習，6）実践研修全体総括（振り返り），の6つのことが含まれます。1章と2章では，オリエンテーションに焦点を当てます。

　　実習についての知識を勉強する前に次のことを確認しておきましょう。教員が身につけるべき能力は，日本の学校教育でも日本語教育でも，共通しています。第1に，教科・教職の専門的知識のほか，実践的指導力，コミュニケーション能力，総合的人間力などが必要です。そして，それを自律的に学ぶ姿勢をもち，それを高めようとする意思も必要です。第2に，必要な情報を収集し，適切なものを提供できる選別能力も必要です。第3に，上記の全ての能力を有機的に結びつけて応用できなければなりません。もちろん，使命感，責任感，学習者への愛情も必要です。

1．この章で何ができるようになりますか
★日本語の授業の特徴がわかります
●チームティーチングのための協働についてわかります
●クラス運営について概要がわかります
★「教育方法・目標についての教員としてのビリーフ」が可視化できます

2．見てみましょう
2－1　違いは何ですか
動画を見て下の質問に答えてください。

▶動画1

別冊

> 動画1－Aと動画1－Bの違いは何ですか。日本語の授業は，日本の一般的な学校教育の授業とはどう違いますか。

2－2　動画を見るポイント
次の「見るポイント」に注目して動画をもう一度見てください。
動画1を見るポイント
　教員と学習者のコミュニケーションは一方的か, 双方向的か, に注目してください。

3. 読んで考えましょう
動画の解説
　次の解説を読んで, 動画をもう一度確認しましょう。
★動画1の解説

> 動画1－Aと動画1－Bの違いは何ですか。日本語の授業は, 日本の一般的な学校教育の授業とはどう違いますか。

　動画1－Aは, 日本の学校教育の授業の一例で, 動画1－Bは日本語の授業に特徴的な授業です。動画1－A(日本の学校教育の授業)は, 教員は配布した資料にある文章を読みます。そして, 学習者は自発的に発話することがなく, スライドを見ながら聞くだけです。

　一方, 動画1－B(日本語の授業)は, 教員は学習者に質問した後,「どこ?」や「どうして?」など疑問詞を使って質問し, 情報を学習者から引き出しています。動画1－Bでは, 教室での使用言語が学習内容そのものであり, 学習者中心で双方向のコミュニケーションがおこなわれます。学習者が話したり, 自分で気づいたりすることができるようにすることが優先で, 教員は基本的には説明しません。教員は学習者の発話を引き出すきっかけとなる「しかけ」を作ります。たとえば, 先に文字のない場面の絵や写真などを見せて, 教員はその絵について質問することから始めます。学習者は絵や写真を見て話す機会が得られます。

> 読んでおきたい知識・情報

●（1）双方向のインターアクションがある日本語の授業

　近年,日本の高校など学校教育でも日本語教育でもアクティブラーニングや協働的な学びが重要視されています。しかし,どんな学校であっても知識を与える場合は,一方的に知識を与える授業になることがあります。

　日本語の授業は,一方的に知識を与える授業ではないことが多いです。日本語学校や大学では学習者はほとんどの場合,すでに母国で様々なことを学び,様々な知識を持っている学習者です。したがって,学習者が授業で学んだ内容や既存の知識を引き出して双方向のやりとり（インターアクション）がある授業をしながら,目標言語（日本語）の能力を向上させることが重要です。

●（2）多様な日本語学習者

　学習者は母語も年齢も,日本語を学び始める背景も様々です。学習者が好きな授業の形態も異なります。特に,外国での教育の方法は日本と違うことがあります。そのため,学習者は自分の国で受けた教育の影響で,日本での日本語の授業になじめないことがあります。

　学習者には,活動が多くクラスメートと協働で学ぶことが好きな学習者もいれば,教員の説明をたくさん聞くことが好きな学習者もいます。また,授業中は話す活動を重視することが好きな学習者もいれば,教員が話したことをノートに書かなければ気が済まない学習者もいます。

　また,成人の学習者はすでに自分の国の高校や大学で勉強し,社会の中で仕事をした経験がある可能性もあります。成人の学習者は日本語で話せないからといって知識がないわけではなく,知識レベルは高いことを教員として認識しておく必要があります。したがって,成人の学習者を対象にした教材として年少者用のイラストや絵本を使用して子どもに話すように話したりすることなどは避ける必要があります。逆に,学習者が児童・生徒の場合は,日本語を教えるだけでなく,生活面や心理面のサポートが必要なこともあります。学習者は多様な背景をもつことを認識し,柔軟に対応できるようにしましょう。（☞学習者の多様性については,この章の最後（9ページ）の参考文献を読んでください。）

●（3）クラス運営

日本語の授業は，典型的には，話す（口頭表現能力），聞く（聴解能力），読む（読解能力），書く（作文能力）など4技能を分野別で指導するクラスと，4技能を平均的に向上させることを目指す総合日本語と呼ばれるようなクラスがあります。総合日本語のクラスでは，授業の進度やテストなどについてコーディネートする教員（コーディネーター）がおり，クラスの学習者の様子を把握し，成績などの相談もおこないます。

●（4）チームティーチングのための協働

日本の学校教育の外国語の授業では，1人の教員があるクラスの教科を毎回担当することが多いです。

しかし，日本語の授業では，あるクラスの「総合日本語」という授業科目を毎回担当する教員は同じではなく，たとえば，月曜日はA先生が授業をしていても，火曜日はB先生がA先生が担当した授業の続きをおこないます。これをチームティーチングと言います。コミュニケーションが上手な教員もいれば，文法が得意な教員もおり，それぞれの教員には長所も短所もあるので，毎日違う教員がクラスに来ることで平均的な教育効果をもたらすことができるためです。

★（5）教育方法・目標についての日本語教員のビリーフを可視化

ある事物について大切にしたいと思うこと・こうあるべきと思う信念や信条をビリーフ（beliefs）と言います。教育方法・目標についての日本語教員としてのビリーフを書き出すと，実習全体の目標がより明確になります。目標を紙に書き出すことによって，目標の達成までに今の自分に何が足りないかが意識化でき，それをどうやって克服するかという方法を具体的に考えるようになるからです。そして，次の枠の中の1～8のような順で教員としての目標達成のための努力を継続して，目標に近づいているか，途中で自分で何度もチェックします。

> 1 教員としての目標の達成のために今の自分に何が足りないのか，何が課題なのかを明確にする
> 2 1の課題をどうやって克服するのか方法を考える
> 3 努力して継続する
> 4 練習して試してみる
> 5 練習の成果を見て，目標に近づいているか分析する
> 6 目標への達成方法を見直す
> 7 再挑戦する
> 8 教員としての目標達成

　チェックした時点で成果が十分でない場合は，なぜかを考え，分析した結果から，目標の達成方法の修正をして，再び努力を続けます。努力を続ければ目指す夢（教員としての目標）が達成できます。この本は，セルフチェックをして目標を設定し成長し続けていく「自己研修型の日本語教員」をサポートする内容になっています。
　具体的には，教育方法や目標についてのビリーフを可視化し，授業実践を積み重ねる過程で，それを修正していきます。ビリーフについては，この章の「4．自分の場合はどうなるか書いてみましょう」のワークシート2に記入してください。実践の記録方法については8章を見てください。

4．自分の場合はどうなるか書いてみましょう

　これまで読者のみなさんは，日本語教員になるための準備を大学や専門学校などの教育機関で受けてきたかもしれません。しかし，実際に授業実践（実習）をする学校（登録日本語教育機関）では，これまで準備してきた日本語の授業と，これから実習をする学校の日本語の授業は同じではない可能性があります。ワークシート1にこれまでの日本語の授業とこれから実習する学校の日本語の授業の違いをワークシートに整理しましょう。

ワークシート1　これまでの授業とこれからの授業の比較

	これまで準備してきた 日本語の授業	これから実習する 日本語の授業
指導教員名		
教科書名		
授業の形態 (右のA～Cに○をつける)	A) 総合日本語の授業 B) 話す（口頭表現能力），聞く（聴解能力），読む（読解能力），書く（作文能力）など4技能を分野別で指導する授業 C) その他	A) 総合日本語の授業 B) 話す（口頭表現能力），聞く（聴解能力），読む（読解能力），書く（作文能力）など4技能を分野別で指導する授業 C) その他
授業の大まかな構成 (右のA～Cに○をつける)	A) 復習をして文法の導入をして練習をする授業 B) 授業のCan do・目標を初めに提示し，場面でできることを考えてから話す練習をしていく授業 C) その他	A) 復習をして文法の導入をして練習をする授業 B) 授業のCan do・目標を初めに提示し，場面でできることを考えてから話す練習をしていく授業 C) その他

ワークシート2　日本語教員としての目標・ビリーフ（1）まずは可視化しましょう

自分が日本語教員として授業をするときの目標のビリーフを可視化しましょう。下の質問に答えてください。

質問1　自分が授業をするときに大切にしようと思うこと（ビリーフ）は何ですか。12章（☞97〜98ページ）のワークシート28「振り返りのチェック項目」を見て，今の自分に不足しているものがどれか，どれを大切にしたいか選んでください。指導教員や他の実習生と話してビリーフに違いがあるか確認しておきましょう。ビリーフは人によって違うことを把握していないと，実習をする過程で戸惑ったり落ち込んだりすることがありますので注意しましょう。

質問2　授業の実践（実習）の目標は何ですか。

質問3　ある一連の授業実践（実習）を終えた時，どんな日本語教員になっていたいですか。

5. もっと詳しい情報を得るために読むべきリソース

・池田玲子・舘岡洋子・近藤彩・金孝卿(編)『協働が拓く多様な実践』ココ出版.
（チームティーチングにおける協働的内省や教師の自律的成長のための研修デザインについて書かれています。）

・国際交流基金(2006)『日本語教師の役割／コースデザイン』国際交流基金日本語教授法シリーズ１, p.11,「学習者のレディネス」ひつじ書房.

・齋藤ひろみ・池上摩希子・近田由紀子(編)(2015)『外国人児童生徒の学びを作る授業実践』くろしお出版.

・中西久実子・坂口昌子・大谷つかさ・寺田友子(2020)『使える日本語文法ガイドブック』p.142「学校英文法と日本語教育文法」, p.146「国語文法と日本語教育文法」（学校教育と日本語教育の違いについて記されています。）

2章 教授法(きょうじゅ)
―どんな教え方をしますか?―

1. この章で何ができるようになりますか
★直接法の授業がどんなものかわかります
●学習者の習得と定着について基本的なことがわかります

2. 見てみましょう
2-1 違いは何ですか

　日本語教育では,学習者の目標言語(ターゲット言語)は日本語です。日本語母語話者は,日本語を外国語としてとらえにくいので,動画2では,タイ語でタイ語を教えている授業(直接法)を見ます。外国語だけで外国語を勉強する直接法の授業を体験してください。

　動画を見て下の質問に答えてください。

▶動画2

別冊

> 動画2-Aと動画2-Bの違いは何ですか。
> 直接法の動画はどちらですか。

2-2 動画を見るポイント

　次の「見るポイント」に注目して動画をもう一度見てください。
動画2を見るポイント
　動画2-Aと動画2-Bの教員はどちらがタイ語を多く使用して授業をしているかに注目してください。学習者が教員の言ったことを推測しながら,タイ語を勉強しているのはどちらですか。

3. 読んで考えましょう

動画の解説

次の解説を読んで、動画をもう一度確認しましょう。

●（6）動画2の解説

> 動画2－Aと動画2－Bの違いは何ですか。
> 直接法の動画はどちらですか。

　直接法の動画は動画2－Aです。動画2－Aは、基本的には語彙や指示をタイ語でおこなっています。学習者はタイ語がほとんどわからないので、教員が何を言っているのか、教員が何を指示しているのかを推測しなければなりません。教員が見せる絵や教員のジェスチャーを頼りに推測します。絵やジェスチャーがなければ推測は難しく、授業で教員が何を言っているかわからなくなる恐れがあります。直接法のメリットは、多くの目標言語のインプットがあり、どのように発音するのかがわかることです。また、学習者は理解できた語彙や表現を用いて発話する機会が増えます。デメリットは、学習者は難しい文法の説明を理解することが難しくて不安になりやすいことです。

　一方、動画2－Bは媒介語として学習者の母語（日本語）を使用しています。このような母語や媒介語を使う授業は、学習者が教員の言っていることが理解できるため、最も安心して授業を受けられます。しかし、目標言語での発話が少ないことがデメリットです。

読んでおきたい知識・情報

★（7）直接法とは

　直接法とは媒介語を使用せず、目標言語（日本語）だけで授業をおこなう方法です。文法は一方的に説明をするのではなく、場面の絵などから文法の規則を類推させます。時間がかかりますが、学習者が話せるようになると、定着率がよく、口頭表現能力の向上に適しています。クラスの学習者の母語が多様な場合は、共通となる言語がないので、直接法を使用します。これに対して、クラスの学習者の母語が同じ場合は、媒介語としてその母語を使用することがあります。（☞直接法の詳しい情報は、清ルミ(2009)『DVDで授業の流れがわかる日本語の教え方のコツ』（アルク）を見てください。）

日本国内の日本語の授業では，主に直接法が使用されています。これに対して，外国の日本語教育では，クラスの学習者の母語が複数ではない場合は，その母語を媒介語として使用することが多いです。また，日本語の授業では，直接法だけでなく，オーディオリンガル法，コミュニカティブアプローチ，トータルフィジカルレスポンスなどを部分的に組み合わせて使うことがあります。それぞれの教授法の詳しい情報は参考文献を見てください。(☞様々な教授法については国際交流基金(2006)p.42「教授法の説明」(ひつじ書房)を見てください。)

●(8)ターゲットの定着

授業のターゲット(目標)項目が「定着する」とは，学習者が模倣やリピートでなく，自分の力だけで言いたいことを自由にアウトプットできるようになることです。言葉に詰まって言いよどんだり，誤用をおかしたりして不安定になる状態から，練習を繰り返して徐々に定着へと導いていきます。

●(9)学習者の発話を徐々に長くしていく

学習者は一度に長い文を言えるようになるわけではありません。初めは動詞，次に，名詞を言わせて，スムーズに言えるようになったら，「名詞＋助詞＋動詞」などというように徐々に長くして言えるように練習させることが大切です。たとえば，初めは動詞の絵を見せて「行きます」を引き出します。次に，行く場所として名詞「学校」「駅」「レストラン」などを引き出します。それらがスムーズに言えるようになったら，「学校へ行きます」「レストランへ行きます」などと文を長くしていって言えるかどうか確認します。

アウトプットは，ただ機械的に繰り返すだけでなく，場面をつけて自然な発話を導き出します。しかし，「何でもいいから「てください」を使って話してみてください」というのでは教員の役割を果たしていません。

教員は，絵や写真を使用して学習者が自然に話をするきっかけを作らなければなりません。たとえば，初めは学校の事務室で奨学金の申し込みをする場面で「名前を書いてください」などの指示をされる場面で導入したら，練習では，場面を変えて，駅で駅員に電車の切符の時間を変更したいことを伝える場面で「この切符の電車の時間を変更してください」などが言えるかを練習させます。

またその授業では言えた表現でも、翌日の授業では言えないことがよくあります。何度も場面を提示して練習することが必要です。

💡 日本語教員の豆知識1　2種類の復習の違い

復習には、毎回の授業でおこなうものと、数回の授業ごとにおこなうものがあります。

日本語教育では、「今から復習をしましょう」と言って復習をする明示的な復習と、「今から復習をしましょう」と言わずに教員の発話に復習項目を盛り込んでおく暗示的な復習があります。

毎回の授業でおこなう復習は暗示的な復習で、単に、前の授業で学習した語彙や文法を使って学習者に話しかけるだけです。教員が話しかけた日本語に答えられれば、前の授業で勉強した表現が定着しているとわかります。答えられなければ、定着していないことになるので、学習者がスムースに思い出せるようなしかけが必要です。

これに対して、数回の授業ごとにおこなう復習は、明示的な復習です。学習したバラバラの知識で似たものを取り上げて比較することで気づきを誘発します。たとえば、友だちを誘う会話と教員を誘う会話を練習した後では、教員と友達にどのような誘い方をすればいいか使い分けの配慮の表現について考えることができます。

また、移動動詞「にいきます」「にかえります」「につきます」「にきます」などを一覧にして整理した紙を配布するなどして、学習者の知識の整理の助けにします。下に示すような絵を使って、助詞を復習することもできます。

…… かえります

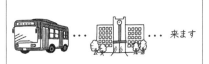

…… 来ます

…… 行きます

初級レベルでは，学習者は文字を書くのに非常に時間がかかります。そのため，復習は口頭だけでおこなうことが多いです。しかし，授業中に口頭で話したことを宿題として自宅で紙などに書かせる復習も必要です。自分の手で書くことで学習者は学習したことを定着へと導くことができるからです。授業中でも，必要に応じて口頭表現の練習が一区切りついた時点で，ノートや紙などに書いて知識を定着させることもあります。（☞復習したことの定着については，28ページの(20)文法の定着のための練習の方法も参照してください。）

💡 日本語教員の豆知識2　理解語彙と産出語彙

　語彙には聞いてわかればいい「理解語彙」と，学習者が何も見ずにアウトプットして使いこなせるようになるべき「産出語彙」があります。語彙を提示する場合は，理解語彙と産出語彙の違いを学習者に区別して提示しましょう。この違いは学習者が自分自身で調べにくい情報だからです。

💡 日本語教員の豆知識3　作り話で復習できます

　数回の授業ごとに学習したことが定着しているか確認する復習もあります。たとえば，5〜8課で以下のような語彙と文法を学習しているとします。

> 語彙：たべます，のみます，えき，いきます，かいしゃ，おくります，つきます，ゆき，おきます，〜じに，おそいです，はやいです
> 文法：〜しにいきます，〜から

　この学習した語彙と文法を使って教員が以下の枠の中のような話を作ります。どんな話でもいいですが，理由を尋ねたりすることで話の内容を理解できているかを確認します。

話の例

> 　マリさんはいつも7時に起きます。そして，7時半にバスに乗って駅まで行って駅から会社まで電車に乗ります。昨日は雪が降りましたから，バスが7時半に来ませんでした。駅まで歩いて電車で会社に行きました。いつもより遅く会社につきました。

このような話を教員が2回ほど読み上げ，以下のような質問をします。学習者がこの質問に答えられたら，5～8課の語彙と文法が定着していることがわかります。

質問の例
- マリさんは会社まで何で行きますか。
- マリさんはどうして会社に行くのが遅くなりましたか。

●(10)第二言語習得理論

学習者の習得は少しずつ進みます。授業でインプットしたことは，一度言ったぐらいでは定着しません。学習者は何度も繰り返してアウトプットすることで，ターゲットを取り込んで(インテイク)，定着へと進みます。たとえば，ある授業で導入して練習したことは，次の授業になると，忘れていたり，言えなくなっています。教員は次の授業でもう一度前の授業のことを言わせる工夫が必要です。学習者は，習得が進む過程で不完全な日本語(中間言語)を話すことがあり，学習者の言語習得についての知識は「第二言語習得論」という分野で研究がなされています。(☞第二言語習得については，小柳かおる(2020)『第二言語習得について日本語教師が知っておくべきこと』(くろしお出版)を読んでください。)

4．自分の場合はどうなるか書いてみましょう

自分が実践する授業の教授法や教材などをワークシート3に書きましょう。

ワークシート3　自分の授業で使う教授法や教材

自分の授業の情報
- 自分の授業では　　媒介語を使う・使わない　　（どちらかに○をつけてください）

媒介語を使う場合は，どんな時に使いますか。
説明や指示の言語として媒介語を使いますか。

・教科書は何ですか。

・教科書以外の副教材はどのようなものを使用しますか。

・教材や絵はどのようなものを使用しますか。

5．もっと詳しい情報を得るために読むべきリソース

・国際交流基金(2006)『日本語教師の役割／コースデザイン』国際交流基金 日本語教授法シリーズ1，ひつじ書房．
・小林ミナ(2019)『日本語教育　よくわかる教授法　「コースデザイン」から「外国語教授法の史的変遷」まで』アルク．
・小柳かおる(2020)『第二言語習得について日本語教師が知っておくべきこと』くろしお出版．
・清ルミ(2009)『DVDで授業の流れがわかる日本語の教え方のコツ』アルク．

2部
授業見学までに知っておきたい知識

3章　授業実践で大切なこと
　　　　—どんな場面の Can do で授業をするか示す—

1．この章で何ができるようになりますか
★日本語の授業実践で大切なことがわかります
●日本語の授業がどんな構成になっているのかがわかります

2．見てみましょう

★日本語の授業実践で第1に大切なことは，具体的にあるコミュニケーションがどんな場面のコミュニケーションでできるようになるかを提示することです。普通は，日本語教育の参照枠・CEFRのCan do statements「Can do」が授業の目標として示されます。「Can do」とは「言語の熟達の，ある段階でできる言語活動や持っている言語能力の例を「～できる」という形式で示した文」のことで，この本では以下に単に「Can do」とだけ記すことがあります。では，たとえば，可能表現を知っていれば，学習者はどんな場面で何ができるようになるでしょうか。この章の最後（☞31ページ）にある参考文献で調べて下の枠の中に書いてください。（例　☞『場面とコミュニケーションでわかる日本語文法ハンドブック』（ひつじ書房）のpp.150-151には，可能表現を知っていればどんな場面で何ができるようになるかが書いてあります。）

　　　　　　　　　　　　　　　　　　　　　　　　　　　　　　　
　　　　　　　　　　　　　　　　　　　　　　　　　　　　　　　
　　　　　　　　　　　　　　　　　　　　　　　　　　　　　　　
　　　　　　　　　　　　　　　　　　　　　　　　　　　　　　　

　授業実践で第2に大切なことは，学習者がリピートや機械的な発話でなく，自分の力だけで自発的にアウトプットできるようにする機会を学習者に与えることです。

　次に示すのは，典型的な日本語のクラス授業の大まかな構成の例を示したものです。上で示した第1に大切なことは，C「目標・Can do（どんな場面で何ができるようになるか）の提示」で組み込まれています。

> A　ウォームアップと出席管理
> B　復習としての語彙チェック
> C　目標・Can do(どんな場面で何ができるようになるか)の提示
> D　文法・モデル会話のインプット
> E　発音に慣れるためのアウトプット・定着のためのアウトプット
> F　自然な場面の会話のための骨組みシートでのアウトプット
> G　自然な場面でのロールプレイ，インフォメーションギャップ，課題解決型の授業のアウトプット

　18ページで示した授業実践で第2に大切なことは，上の枠にあるEから，F・Gに組み込まれています。外国語の発音は一度言っただけでは，なめらかに話せるようにはなりません。大切なのは，最初は，発音に慣れるためのアウトプットをして，徐々に，定着のためのアウトプットに移行していくことです。
　以下では，上のA～Gについて，さらに詳しく見ていきます。具体的に動画を見ながら，質問について考えましょう。

2−1　違いは何ですか

動画を見て下の質問に答えてください。

▶ 動画3

> 動画3−Aと動画3−Bの違いは何ですか。

▶ 動画4

> 動画4−Aと動画4−Bの違いは何ですか。

▶ 動画 5

> 動画 5 − A と動画 5 − B の違いは何ですか。

| |
| |

▶ 動画 6

> 動画 6 − A と動画 6 − B の違いは何ですか。

| |
| |

▶ 動画 7

> 動画 7 − A, 動画 7 − B, 動画 7 − C の違いは何ですか。

| |
| |

2 − 2　動画を見るポイント

　次の「見るポイント」に注目して動画をもう一度見てください。

動画 3 を見るポイント
　教員は出席を取りながら何をしているかに注目してください。

動画 4 を見るポイント
　教員の動きに注目してください。教員はどのように語彙をインプットして練習させていますか。

動画 5 を見るポイント
　学習者は目標となる Can do をどのようにして知りますか。Can do は誰がどのように示しますか。

動画6を見るポイント

学習者は単にリピートをしているだけですか。自分のことを自分で考えて話す機会がありますか。

動画7を見るポイント

教員は媒介語を使っていますか。教員はどのように新しい文法を説明していますか。教員の説明には,どのような語彙が含まれていますか。

3. 読んで考えましょう

動画の解説

次の解説を読んで,動画をもう一度確認しましょう。

●(11)動画3の解説

> 動画3-Aと動画3-Bの違いは何ですか。

出席の取り方には,動画3-Aや動画3-Bのような方法があります。

動画3-Bは学習者の名前を呼んで出席を確認するだけです。これに対して,動画3-Aでは,出席確認をしながら,学習者とコミュニケーションを取っています。動画3-Aは,少し時間に余裕がある時や学習者とコミュニケーションを取りながら授業を進めたい時に使います。一方,動画3-Bは出席管理に時間をかけられない時に使うことが多いです。

★(12)動画4の解説

> 動画4-Aと動画4-Bの違いは何ですか。

動画4-Aと動画4-Bでは,教員の質問と流れが異なります。動画4-Aでは,絵カードを指しながら,「何をしますか」と質問し,絵カードにかいてある語彙だけを確認しています。そして,教員が提示する絵カードを探したり,どの語で指示を出すか悩みながら語彙の確認をしたりしており,動きに無駄があります。そのため,1つの語彙の確認に時間がかかっています。

一方,動画4-Bは,スモールステップで学習者が語彙を理解して使用できるかを確認しています。スモールステップとは,最後に学習者に言ってほ

しいことについての質問だけを言わないで,最後の質問に至るまでに場面や学習者が答えるときに必要な語彙などを段階的に細かくわけて少しずつ確認して導く方法です。動画4-Bは,次のようにスモールステップで進めています。まず,「何をしますか」と質問し,動詞を確認しています。次に,絵カードの上に描かれている名詞も指しながら,もう一度「何をしますか」と聞き,学習者が既習文法や既習語彙でコミュニケーションできるかを確認していきます。そして,最後に,学習者自身の本当のことを自力でアウトプットできる授業の流れになっています。教員はすでに語彙1つずつに誰を指名するのかを事前に決めており,絵カードを提示する順番も準備できていたことで,1つの語彙の確認をテンポよくおこなうことができています。

★(13)動画5の解説

> 動画5-Aと動画5-Bの違いは何ですか。

動画5-Aは,教員が場面や会話内容を説明し,今日のCan doをすぐに提示しています。

一方,動画5-Bは,まず学習者がペアで右に示すような絵を見て場面や会話内容を推測しています。次に,ペアで話した内容を全体で共有する

ことで絵の場面や会話内容を確認し,最後に今日のCan doが何かを確認しています。動画5-Bのように,絵から場面や会話を推測することで文法がどのような場面や会話で使用できるのかの気づきを与えることもできます。授業の構成で大切なことは,授業の目標となるCan doを示すことなので,提示の方法をよく考えましょう。

★(14)動画6の解説

> 動画6-Aと動画6-Bの違いは何ですか。

動画6-Aは,次に示すような絵カードに描かれていることだけを口頭でアウトプットさせています。

　一方,動画6-Bは,絵カードを使っていますが,学習者が本当のことを自分で考えてアウトプットできるようなインターアクションをしています。動画6-Bはスモールステップで学習者が文法を理解し,話すことができているかを確認できます。動画6-Bは,次のようにスモールステップで進めています。まず教員が「何をしていますか」と質問し,絵カードに描かれている内容を確認しています。次に,教員がホワイトボードに書いた「～てから～」を指さしながら,他の文に変換する練習をおこなっています。最後に,新しい文法と内容に関連がある質問をし,学習者自身の本当のことを自力でアウトプットできる授業の流れになっています。

★(15)動画7の解説

> 動画7-A,動画7-B,動画7-Cの違いは何ですか。

　動画7-Aは,学習者の母語(媒介語)で「～ておきます」の文法を説明した後,練習する文を単純な変換練習だけでアウトプットさせています。これは,主に外国の日本語教育で,教員と学習者の母語や言語が共通している時に使われる教授法です。

　動画7-Bは,教員が日本語だけで,既習語彙や既習文法だけを使って,新しい文法「～ておきます」のインプットをしています。次に示すようなお花見の準備をする場面の絵を見せて,まだ勉強していない語彙や文法を入れないで学習者に質問しています。このようにまだ勉強していない語彙や文法を入れないことを「(既習)語彙と(既習)文法をコントロールする」と言います。中級から上級レベルに進むに従って,コントロールを緩めることがあります。教員が話すすべての語彙や文法を聞き取れなくても類推できるようになって

いるからです。日本語の授業では、「何でもいいからこの絵を見て話をしてみてください」と言わないように注意しなければなりません。たとえば、お花見の場面ならば、動画7−Bのように質問しながら導いていくことが大切です。

　動画7−Cは、動画7−Bと同様に日本語だけで文法のインプットをおこなっています。しかし、動画7−Bとは違って未習の文法（例　という意味）や未習の語彙（例　事前、余興、芸など）を使っているため、ターゲットの文法がわかりにくくなっており、初級の学習者にとってほとんど理解できない可能性があります。

> 読んでおきたい知識・情報

●(16)自然な場面の会話のための骨組みシートでのアウトプット

　発音に慣れるためのアウトプット・定着のためのアウトプットの練習ができたら、自然な場面でアウトプットできるように練習します。たとえば、次のワークシート4に示すような、モデル会話の重要な部分を虫食い（空欄）にした骨組みだけの会話のシートを使ってアウトプットの練習をしてください。時間が限られている場合は骨組みシートには書き込まないで口頭だけでアウトプットします。学習者は書くのに時間がかかるだけでなく、書くと「書いたものを読む」ことになり、自力で思い出して自然なアウトプットをする練習にならないからです。

ワークシート4　自然な場面の会話のための骨組みシート

（大学の中のカフェのあたりで）
A　すみません。国際部へ行きたいんですが。

B ＿＿＿＿＿＿＿＿＿＿＿＿＿＿＿ですか。

A はい。

B あそこに橋がみえますね。橋を＿＿＿＿＿＿＿＿たら，

　＿＿＿＿＿＿に＿＿＿＿＿＿が見えます。

A ＿＿＿に＿＿＿＿＿ですね。

B ＿＿＿＿＿を＿＿＿＿＿＿＿＿たら＿＿＿＿＿に＿＿＿＿＿＿が見えます。
国際部(こくさい)はその一番右の建物にあります。

A はい。＿＿＿＿＿＿＿＿ですね。

B ＿＿＿＿＿＿＿＿＿＿＿＿＿＿＿たら，＿＿＿＿＿＿にエレベーターがあります
から，エレベーターで＿＿＿＿＿＿＿＿＿＿＿＿＿＿＿てください。国際
部(こくさい)は＿＿＿＿＿＿＿＿＿＿＿＿＿＿＿です。

A ありがとうございました。

●(17)ロールプレイを使ったアウトプットの練習

　ロールプレイを使ったアウトプットの活動については，4章の動画10（☞38ページの(32)）で詳(くわ)しく解説(かいせつ)します。ここでは先に動画10を見て，他にもどのようなロールカードができるか作ってみてください。

●(18)インフォメーションギャップのある活動によるアウトプット

インフォメーションギャップのある活動とは,あるトピックや文法に関する内容について参加する2人が違う情報を持っていて,知らない情報を尋ねる活動のことです。本当のコミュニケーションに近いので,この練習は学習者のモチベーションが高くなります。(☞インフォメーションギャップを使った活動については,4章(37ページ)動画9の解説を見てください。)インフォメーションギャップのある活動で使うシートは,下の例のようにAシートとBシートの内容を変える必要があります。

例 「デパートで買い物をしましょう」

●(19)課題解決型の授業のアウトプット

課題解決型の授業は,モデル会話に似た場面で何らかの課題を解決するた

めの話し合いをグループでするアウトプットの練習です。グループワークで課題を解決するための話し合いをおこない，その結果を代表者が発表してクラス全体で議論を共有します。議論に必要な表現を事前に導入しておくことが必要です。たとえば，可能形をインプットして練習をした後で次のようなアルバイトの面接の課題解決型のアウトプットの練習ができます。課題解決型の授業は学習者中心の授業が展開でき，これからの日本語教育で積極的に取り入れられていく手法の一つになるでしょう。学習者中心の授業展開方法については，☞30ページのPBLも参照してください。

ワークシート5　課題解決型の授業のワークシート

下のワークシート5を使って「私たちの学校に来月アメリカ大統領が来ます。その時，何をすれば，大統領が喜ぶか考えましょう。そのために必要となる準備を考えましょう」という課題を出します。そして，「アメリカ大統領はお酒が好きなので，いろいろな日本酒を飲んで味を比べます。私は色々なお酒が飲めます。」などとグループで話し合って課題を解決するためのアイデアを出します。グループの代表者が発表してクラスで結果を共有したら最後に，どのグループが一番アメリカ大統領を喜ばせることができるか評価します。

	大統領が喜びそうな飲み物と理由	大統領が喜びそうな食べ物と理由	大統領が喜びそうなことと理由
さん			
さん			
さん			

● (20) 文法の定着のための練習の方法

　文法の定着のための練習では、様々なドリルを使います。変形ドリル、後半完成ドリルなどが使われます（☞ドリルの詳しい説明は、4章（32ページ）動画8を見てください）。

　大切なことは、学習者は一度言っただけでは、定着まで到達できないということです。何度も繰り返してアウトプットしなければ、学習者は自分の力でなめらかに話せるようにはなりません。手を変え品を変え、学習者が飽きないようにアウトプットできる練習を授業に組み込むことが望ましいです。

　たとえば、「スーツを着ている」「ネックレスをしている」など人の特徴を描写することができるようになった後の練習でも、会話の骨組みシートで会話練習やロールプレイをしたくらいでは定着しません。定着させるためには、その次の授業で、同じ語彙や表現を盛り込んだインフォメーションギャップのある活動をしたりします。また、学習者同士でたくさんの友達と写っている写真を見せ合って、友達の特徴を伝えて、それを聞いた学習者が写真の中からどの人がその友達なのかを言い当てるなどゲーム感覚でできる練習を用意したりします。何度も同じような語彙でアウトプットしているうちに定着へと進んでいきます。（☞復習については、13ページも参照してください。）

4．自分の場合はどうなるか書いてみましょう

　自分の授業の大まかな流れを書きましょう。そして、そのアイデアを指導教員や他の実習生と共有して議論しましょう。

★ (21) 指導案をヴァージョンアップしましょう

ワークシート6　指導案（大まかなメモ）

　まず、授業の目標を見て、どのような授業の構成にしたいか、大まかな流れを書き出しましょう。

授業の目標

時　　間	何をするか
ウォームアップ	
導入	
展開 1	
展開 2	
クロージング	

3章 授業実践で大切なこと

★(22) 下の絵を使ってインフォメーションギャップのシートを作ってみましょう

(☞答えの例は4章(37ページ)の(31)にあります。)

ワークシート7	インフォメーションギャップのシート

29

💡 日本語教員の豆知識4　リピートと自発的発話の違い

　学習者が教室内で発話する日本語には、様々な種類があります。リピートは教員が言ったことを繰り返すだけですが、口慣らしの意味で重要です。ただし、機械的なリピートだけでは、自発的発話はできるようになりません。習得が進むには自発的発話が必要です。自発的発話は、学習者が自分の言いたいことを自分の力だけで話せるようになることです。学習者が自分が言いたいことを自由にアウトプットできることでもあり、毎回の授業の終わりにはすべての学習者が自発的発話ができるようにすることが望ましいです。そのためには、機械的な発話から自発的な発話へと導くテクニックが必要です。

💡 日本語教員の豆知識5　オープンクエスチョン・フルセンテンスで答えさせる

　Yes/Noで答えられる質問は「クローズドクエスチョン」と呼ばれ、「はい/いいえ」だけを答えるものです。これに対して、「どこで勉強しましたか」など疑問語を含む質問は「オープンクエスチョン」と呼ばれるもので、答えに自由度が高く学習者の表現力を向上させるために効果的です。ただし、オープンクエスチョンでも、たとえば、「図書館です」などのように語やフレーズレベルの短い答えでは口頭表現能力の向上はあまり期待できないので、フルセンテンスで答えるように促すことがあります。

💡 日本語教員の豆知識6　海外で行われている課題解決型のPBL

　海外の日本語教育では、プロジェクト型学習（PBL, Project Based Learning）を用いて大規模な活動がおこなわれることがあります。PBLとは、「学習者中心、内容重視の学習法で、社会活動を教室内外で行うもの」で、「学習者は主体的に課題を発見し、深い思考、観察を行い、情報を収集し、わかりやすくまとめ、発表するという過程を通して、仲間と問題を解決する力を育てていく」（中尾有岐（2017: 42）ものです。27ページで示した課題解決型の授業やPBLは、今後の日本語教育で積極的に取り入れられるようになる学習者中心の授業の一種です。

5．もっと詳しい情報を得るために読むべきリソース

- 庵功雄・高梨信乃・中西久実子・山田敏弘（2000）『初級を教える人のための日本語文法ハンドブック』スリーエーネットワーク．
- 市川保子（2005）『初級日本語文法と教え方のポイント』スリーエーネットワーク．
- 奥野由紀子（編）（2018）『日本語教師のためのCLIL（内容言語統合型学習）入門（CLIL日本語教育）』凡人社．
- グループジャマシイ（編）（2023）『日本語文型辞典　改訂版』くろしお出版．
- 国際交流基金（2007）『初級を教える』国際交流基金日本語教授法シリーズ９，ひつじ書房．
- 中尾有岐（2017）「21世紀型スキル育成を目指した学習者体験型教師研修―タイ人中等教育教師の気づきと学び―」『国際交流基金日本語教育紀要』12, pp.41－56.
- 中西久実子・坂口昌子・大谷つかさ・寺田友子（2020）『使える日本語文法ガイドブック』ひつじ書房．
- 中西久実子・中俣尚己・坂口昌子・大谷つかさ・寺田友子（2021）『場面とコミュニケーションでわかる日本語文法ハンドブック』ひつじ書房．

4章　授業で使えるテクニック

1．この章で何ができるようになりますか
★日本語の授業で使う練習のドリルや活動のバリエーションなど授業で使えるテクニックがわかるようになります

2．見てみましょう

2−1　違いは何ですか
動画を見て下の質問に答えてください。

▶ 動画 8

動画 8 − A から動画 8 − G の違いは何ですか。

下の左と右を線でつないでください。答えは37ページにあります。

動画 8 − A ●　　　　　● ア．応答ドリル(Response Drill)

動画 8 − B ●　　　　　● イ．完成(作文)ドリル(Completion Drill)

動画 8 − C ●　　　　　● ウ．代入ドリル(Substitution Drill)

動画 8 − D ●　　　　　● エ．リピート練習(Repetition Drill)

動画 8 − E ●　　　　　● オ．変形(変換)ドリル(Transformation Drill)

動画 8 − F ●　　　　　● カ．拡大(拡張)ドリル(Expansion Drill)

動画 8 − G ●　　　　　● キ．結合ドリル(Combining Drill)

▶️ 動画9

> 動画9－Aと動画9－Bの違いは何ですか。日常生活の本当のコミュニケーションに近い練習はどちらですか。

2－2　動画を見るポイント
次の「見るポイント」に注目して動画をもう一度見てください。
動画8を見るポイント
　学習者は教員の言ったことからどのように形を変えて話しているかに注目してください。

動画9を見るポイント
　練習をしている2人のそれぞれのシートの中にある情報に注目してください。日常生活の本当のコミュニケーションに近い練習はどちらですか。

3．読んで考えましょう
動画の解説
次の解説を読んで，動画をもう一度確認しましょう。
●(23)動画8の解説　練習のバリエーション

> 動画8－Aから動画8－Gの違いは何ですか。

　動画8－Aから動画8－Gはどの練習ですか。学習者の話していることに注目してみましょう。

●(24)動画8－Aの解説　リピート練習（Repetition Drill）
　リピート練習は，教員が言ったのと同じことを学習者が繰り返す練習のことです。たとえば，教員が「本を買います」と言うと，学習者は何も変えないで同じことを言います。

リピート練習では，学習者が何度も繰り返すことで発音に慣れることができます。学習者が教員の発音を真似ることにより，高低アクセント，文末の上昇イントネーション，ポーズなどがわかり，流暢さ(fluency)の向上につながります。しかし，単純に繰り返すだけなので，飽きたり，不快な気持ちになったりする学習者も時々います。そのような学習者には，発音をきれいにする目的であることを伝えることがあります。また，文末の上昇イントネーションや高低アクセントができない学習者には，教員が手を動かして高さを可視化するサポートができます。たとえば，「あめ（雨）」と「あめ（飴）」のアクセントの違いは手を上下に動かして示すことができます。

●(25)動画8－Bの解説　変形(変換)ドリル(Transformation Drill)

　変形(変換)ドリルは，教員が言った形から，別の形に変えて言う練習のことです。たとえば，動画8－Bでは，教員がマス形から過去形に変えるように指示すると，学習者は「昨日，本を買いました」と過去形に形を変えます。その次の絵カードでは，「昨日？」と言って過去形の形に変えて言うように指示していきます。

●(26)動画8－Cの解説　代入ドリル(Substitution Drill)

　代入ドリルは，ある形式を同じ種類の語彙を入れ替えて言う練習のことです。たとえば，教員は学習者に「これは何ですか」と聞いて，動詞の確認をした後，「何を食べますか」と質問します。そして，学習者が「すしを食べます」と基本となる文を言います。次に，名詞「すし」の位置に「パン」を代入してほしいという意味で，絵カードのパンを指さしながら，「これは何ですか」と言います。その質問に対して，学習者が「パンを食べます」と名詞を入れ替えて言います。代入ドリルは，代入するものを口頭で示して，学習者にも口頭だけで代入させることもあります。

● (27)動画8-Dの解説　拡大(拡張)ドリル(Expansion Drill)

拡大(拡張)ドリルは,下の例のように最初の語にいろいろな要素を付けて増やしていき,最後は長い文を言わせる練習です。

例	先生	「昨日,何をしましたか。」
	学習者	「買いました。」
	先生	「何を買いましたか。」
	学習者	「本を買いました。」
	先生	「どこで買いましたか。」
	学習者	「本屋で買いました。」
	先生	「全部,言ってみましょう。」
	学習者	「昨日,本屋で本を買いました。」

● (28)動画8-Eの解説　結合ドリル(Combining Drill)

結合ドリル(Combining Drill)は,次の例のように教員が言った2つの文を1つに形をつなげる練習です。

例の絵カードのように2つの絵を見せて,「テレビを見て,ご飯を食べます」のように言わせることもできます。他に,「テレビを見ながら,ご飯を食べます」「テレビを見たあとでご飯を食べます」などのように「～て～」「～た後で～」「～ても～」「～たら～」「～ながら～」など2つの文をつなげる文法の練習としてよく使われます。

```
例  先生   「Aさん，何をしますか。」

    学習者  「テレビを見ます。」

    先生   「テレビを見ます。これはどうですか。」

    学習者  「ご飯を食べます。」

    先生   「ご飯を食べます。ご飯，これですね。じゃ，一緒にどうぞ。」

    学習者  「テレビを見て，ご飯を食べます。」
```

●(29)動画8-Fの解説　完成(作文)ドリル(Completion Drill)

　完成(作文)ドリル(Completion Drill)は，教員が文の前半(前件)を示した後，学習者が文の後半(後件)を考えて文を完成させる練習です。反対に，教員が後件を先に言って，学習者が前件を言うこともできます。文の後半(後件)で学習者に言ってほしいことのヒントを絵で示すこともあります。また，絵などを見せずに学習者が自由に後半を考えてアウトプットすることもあります。完成(作文)ドリル(Completion Drill)は，学習者が自分で文を初めから終わりまで考える負担を減らすメリットがあります。動画8-Fでは，前件を空欄にして理由を入れて文を完成させています。

●(30)動画8-Gの解説　応答ドリル(Response Drill)

　応答ドリル(Response Drill)は，教員が質問を言った後，その質問を自分にあてはめて，自然なコミュニケーションと同じように答えるもので自発的発話に近いものです。学習者は既に勉強した文法や語彙を使って，本当の答えを言う練習です。動画8-Gでは，教員の質問に対して，学習者は自分の本当のことを自分の力でアウトプットしています。

● 32ページの答え

動画Ａ－エ，動画Ｂ－オ，動画Ｃ－ウ，動画Ｄ－カ，動画Ｅ－キ，動画Ｆ－イ，動画Ｇ－ア

● (31) 動画９の解説　インフォメーションギャップのある活動

動画９－Ａと動画９－Ｂの違いは何ですか。

　動画９－Ａは，26ページでも見たインフォメーションギャップのある練習です。情報の異なる２種類のワークシートを使用しています。相手に自分のシートを見せないで活動をおこないます。

　動画９－Ｂは，インフォメーションギャップがない練習です。参加する２人が同じシートを見ていて質問を作る時点で質問する人は答えがわかっています。わからないことがないのに質問を作る点で実際のコミュニケーションと異なります。

●(32) ロールプレイを使ったアウトプットの練習

▶ 動画10

　ロールプレイは，学習者2人でそれぞれが異なる役割を演じる練習です。動画10では，下のようなロールカードを用意して，ペアでそれぞれの役割になって練習します。まず，AさんとBさんはそれぞれの役割が書いてあるロールカードを読みます。ペア練習の後でいくつかのペアが発表します。発表は役割語を導入したり，声色を変えてみることを提案するなど演劇の要素を取り入れておこなうこともできます。

ロールカードA

あなたは旅行会社の社員です。お客さんの旅行の内容を聞いて，ホテルを決める手伝いをしましょう。

ロールカードB

あなたは，お客さんです。旅行会社へ行って，旅行の相談をします。旅行先で泊まるホテルを決めましょう。

ロールカードは学習者のレベルや目的に合わせて，初級であれば学習者の母語や媒介語で書くこともあります。ロールカードを読んだ後，学習者AとBはそれぞれの役割を演じながら会話をおこ

絵A　　　　　　絵B

ない，目標を達成するために会話を進めます。右の絵A，絵Bなどを使って実際のコミュニケーションに近い練習ができるように，事前にどのような会話ができるのか考えた上で場面などを設定する必要があります。(☞3章(25ページ)にもロールプレイのことが言及されています。)

この章に「4．自分の場合はどうなるか書いてみましょう」はありません。

5．もっと詳しい情報を得るために読むべきリソース

・大島弥生・大場理恵子・岩田夏穂・池田玲子(2014)『ピアで学ぶ大学生・留学生の日本語コミュニケーション―プレゼンテーションとライティング』ひつじ書房.
・大森雅美・鴻野豊子(2012)『授業の作り方Q&A78編』日本語教師の7つ道具シリーズ1，アルク.
・栗田正行(2017)『「発問」する技術』東洋館出版社.
・国際交流基金(2007)『話すことを教える』国際交流基金日本語教授法シリーズ6，ひつじ書房.
・国際交流基金(2010)『文法を教える』国際交流基金日本語教授法シリーズ4，ひつじ書房.
・小山義徳・道田泰司(編)(2021)『「問う力」を育てる理論と実践―問い・質問・発問の活用の仕方を探る』ひつじ書房.
・望月雅美(2021)『どう教える？日本語教育「読解・会話・作文・聴解」の授業』アルク.

5章　教科書とカリキュラム
―どんな教科書でどう教えますか?―

1. この章で何ができるようになりますか
★日本語の授業で使う教科書にどんなものがあるかわかります
●日本語の授業のカリキュラム，スケジュールについてわかります

2. 見てみましょう
2－1　違いは何ですか

> ★様々な教科書
> 　身近にある教科書で自動詞・他動詞がどう扱われているか調べて下の枠の中に書いてください。たとえば，『場面とコミュニケーションでわかる日本語文法ハンドブック』Chapter14，304ページには自動詞・他動詞が下記のような教科書でどう扱われているかが書いてあります。

『みんなの日本語』と『げんき』の自動詞・他動詞

『まるごと』の自動詞・他動詞

> ★教科書A・教科書B・教科書C・教科書D
> 　下に示すのは教科書ABCDの目次です。教科書でどのような指示がなされているか，主な内容が示されています。それぞれの教科書の違いは何ですか。

教科書A

1．奨学金を先生にお願いするメールを書きましょう
2．パーティの案内メールを書きましょう
3．お世話になったマンションの管理人さんにお礼の手紙を書きましょう

教科書B

1．ホテルを予約する電話をかけて話しましょう
2．病院の受付で予約の変更について話してみましょう
3．レストランをキャンセルする電話をかけて話しましょう

教科書C

1．ニュースを聞いて何があったかメモに書きましょう
2．駅のアナウンスを聞いて何があったか聞いてメモに書きましょう
3．学校の事務室で何を言われているか聞いてメモに書きましょう

教科書D

1．新聞を読んでみましょう
2．小説を読んでみましょう
3．評論の文章を読んでみましょう
4．エッセイを読んでみましょう
5．メールの文章を読んでみましょう
6．説明文を読んでみましょう

★教科書E・教科書F

下に示すのは教科書ＥＦにある典型的な例文です。教科書Ｅと教科書Ｆの違いは何ですか。

教科書Ｅ

1．「なにがはなせますか。」＜にほんご＞

「にほんごがはなせます。」（→スペインご，えいご）

2．「なにがつくれますか。」＜ラーメン＞

「ラーメンがつくれます。」（→ケーキ，カレー）

3．「たべられないものがありますか。」＜なっとう＞

「なっとうがたべられません。」（→さかな，からいもの，つけもの）

教科書Ｆ

社長	「私たちは新しいレストランを作ります。オープンの日にイベントをしますので，今からアルバイトの人を決めるための面接をします。」
社長	「Ａさんは何ができますか。」
Ａさん	「私はコンピュータがつかえます。」
社長	「Ｂさんは何ができますか。」
Ｂさん	「私は中国語がはなせます。」
質問	アルバイトの人はどの人がいいですか。なぜですか。

★ スケジュールG・スケジュールH

　下に示すスケジュールG，スケジュールHは，ある日本語のクラスのスケジュールです。違いは何ですか。

スケジュールG

1日目	5/12月曜日	「てください」の意味と使い方の説明・インプット，新しい語彙
2日目	5/13火曜日	「てください」を使う練習
3日目	5/14水曜日	「てください」の会話のインプット
4日目	5/15木曜日	「てください」の会話の練習
5日目	5/16金曜日	まとめのテスト

スケジュールH

1日目	5/12月曜日	「お土産を買いましょう」の目標→Can doの発見，新しい語彙
2日目	5/13火曜日	「お土産を買いましょう」の会話練習→ルールの発見
3日目	5/14水曜日	「お土産を買いましょう」の応用会話
4日目	5/15木曜日	「お土産を買いましょう」他の場面での買い物の表現
5日目	5/16金曜日	まとめのテスト

2－2　比べるポイント

次の「ポイント」に注目してもう一度考えましょう。解説は3.にあります。

★教科書A・教科書B・教科書C・教科書Dを比べるポイント
　教科書ABCDはそれぞれどんな技能を向上させる教科書かに注目してください。

★教科書E・教科書Fを比べるポイント
　それぞれの教科書では，どのようにインプットを進めようとしているかに注目してください。

★スケジュールG・スケジュールHを比べるポイント
　それぞれのスケジュールでは，何が授業の目標になっているかに注目してください。

3．読んで考えましょう
　次の解説を読んで，2.をもう一度確認しましょう。

★(33)教科書A・教科書B・教科書C・教科書Dの解説
　教科書Aは「書く技能」，教科書Bは「話す技能」，教科書Cは「聞く技能」，教科書Dは「読む技能」のための技能別の授業の教科書です。

★(34)教科書E・教科書Fの解説
　教科書Eは文法シラバスの教科書の例文です。代入ドリルでアウトプットを促しています。教科書FはCan doでシラバスを構成しているCan doシラバスの教科書の例文です。場面でできることを学習者に考えさせています。

★(35)スケジュールG・スケジュールHの解説
　スケジュールGは，文法シラバスのクラスのスケジュールの例です。
　スケジュールHは，Can do シラバスのクラスのスケジュールの例です。

4．自分の場合はどうなるか書いてみましょう

授業で担当する教科書の情報を調べて下のワークシートに書きましょう。

★(36) 授業をする教科書の情報を集めましょう

ワークシート8　自分が授業をする教科書の情報

1．自分が授業で担当する教科書

　　教科書名（　　　　　　　　　　　）

　　自分が授業を担当するページ（　　　　）ページ〜（　　　　）ページ

　　その教科書にはどんな例文がありますか。

2．自分が授業を担当するクラスは，どんなスケジュールになっていますか。

3．自分が授業をするクラスの規則なども調べましょう。
　　　例
　　　　遅刻して教室に入ってきた学習者にどう対応するか

読んでおきたい知識・情報

●(37)日本語の教科書とCan do

　総合日本語の教科書には，大きく分けて2種類あります。第1は，日本語教育の参照枠・CEFRのCan do statements「Can do」が授業の目標として示されるものです。文法は簡単なものから進みますが，Can doに合わせた文法となっており，教科書によって提示されている順序が違うことがあります。その場面で何ができるようになるかが重視されているので，ある場面での会話の流れや表現を勉強したい学習者に適しています。

　第2は，文型積み上げの教科書です。これは簡単な文法から難しい文法へと順にインプットが進み，初級レベルから中級レベル，上級レベルまでの文法が網羅されているので上級レベルまで進むことを目指す学習者，たとえば，大学進学を目指す学習者に適しています。表記も日本語だけで表記されているものもあれば，ローマ字表記が一部で採用されている教科書もあります。また，英語で文法解説が挿入されている教科書もあります。

●(38)カリキュラム，シラバス

　授業を実践するには，学校全体の教育方針とカリキュラム，シラバスを確認します。カリキュラムとはどんな目標でどんな教材を使用し，どのような教授法で授業を実践するかということです。

　シラバスとは教える内容のことで，文法中心の文法シラバス，機能中心の機能シラバス，場面中心の場面シラバス，技能中心の技能シラバスなどがあります。

●(39)教えるクラスのスケジュールの確認

　授業を実践する時は，クラスの運営者の一員となります。したがって，クラスのコーディネーター(担任)が作成したスケジュールなどに責任を持って対応する必要があります。スケジュールにおいて1課を終了するためにどれくらいの時間をかけるかはクラスによって異なります。たとえば，『みんなの日本語　初級Ⅰ　本冊』では，1課あたり90分授業を3回おこなうという速いスピードの場合もあれば，5～6回で進むゆっくりしたスピードの場合もあります。毎回の授業で進度が遅れたり，速くなったりした場合は，その旨を翌日の

担当教員とコーディネーターに連絡して,スケジュールの調整をお願いする必要があります。

5．もっと詳しい情報を得るために読むべきリソース

・JF日本語教育スタンダード
　　　https://www.jfstandard.jpf.go.jp/top/ja/render.do
・日本語教育の参照枠
　　　https://www.bunka.go.jp/seisaku/kokugo_nihongo/kyoiku/chiikinihongokyoiku/r05_boshu/pdf/93841301_04.pdf
・国際交流基金（2006）『日本語教師の役割／コースデザイン』国際交流基金日本語教授法シリーズ1，ひつじ書房．
・櫻井直子（2021）「ヨーロッパの日本語教育の変容と展望―CEFRの受容と浸透から―」『日本語教育』178, pp.51-65，日本語教育学会．
・中西久実子・坂口昌子・大谷つかさ・寺田友子（2020）『使える日本語文法ガイドブック』ひつじ書房．
・中西久実子・中俣尚己・坂口昌子・大谷つかさ・寺田友子（2021）『場面とコミュニケーションでわかる日本語文法ハンドブック』ひつじ書房．
・吉島茂・大橋理枝（訳・編）（2008）『外国語教育Ⅱ　外国語の学習，教授，評価のためのヨーロッパ共通参照枠　Common European Framework of Reference for Languages: Learning, teaching, assessment』朝日出版社．

6章　クラスコントロールのためのテクニック

　学習者にはいろいろな人がいます。たとえば，学力が高い人・低い人，スマートフォンを見ている人，授業中に他の授業の宿題などをしている人，答えを言う声が小さい人，答えるのが遅い人，小さな質問が多い人，遅刻してくる人，寝る人，語学学習が苦手な人などです。

1. この章で何ができるようになりますか

　★多様な学習者に対応できるようになります
　★クラス全体を把握してクラスコントロールができるようになります

2. 見てみましょう

2-1　違いは何ですか

動画を見て下の質問に答えてください。

▶️ 動画11

> 　動画11-A，動画11-B，動画11-C，動画11-Dの違いは何ですか。教員は何と言って学習者にヒントを出しているのかに注目しましょう。

2-2　比べるポイント

次の「ポイント」に注目して動画をもう一度見てください。

動画11を考えるポイント

　動画11-A，動画11-B，動画11-C，動画11-Dの教員の発話と学習者の発話を比べてください。学習者が教員のヒントから自分の力で答えを考えてアウトプットできているかに注目してください。

3. 読んで考えましょう

動画の解説

次の解説を読んで、動画をもう一度確認しましょう。

★(40)動画11の解説

> 動画11-A、動画11-B、動画11-C、動画11-Dの違いは何ですか。教員は何と言って学習者にヒントを出しているのかに注目しましょう。

動画11-A、動画11-B、動画11-C、動画11-Dは、学習者が答えを言うことに困っている時の教員の対応としてヒントの出し方を示しています。

動画11-Aでは、教員が質問した後、学習者は口ごもって答えられません。その時、教員は学習者が答えるのを待たずに「沖縄は暖かくて、いいですよね」と答えを言っています。学習者は教員が自分の言いたいことを言ったので、「はい、いいです」と返事をするだけで終わりました。教員がこのような対応をすると、学習者は質問に答える力がつきません。

動画11-Bでも、教員が質問した後、学習者は口ごもって答えられません。しかし、その後、教員は答えを言わないで、学習者に言ってほしいことに近い情報(ヒント)となる絵を見せて、答えを思い出せるように絵を指さしています。この絵を見た学習者は、このヒントでスムーズに言えました。

動画11-Cでも、教員が質問した後、学習者は口ごもって答えられません。動画Cでは、教員は答えを思い出すためのヒントとして、答えと反対の意味の「寒かった」を示しています。このように学習者にアウトプットしてほしいターゲットの表現は、反対の意味のことばを示すことでヒントとすることができます。

動画11-Dでも、教員が質問した後、学習者は口ごもって答えられません。しかし、その後に教員は答えを含む選択肢を示します。これを聞いた学習者は自分が言いたい「沖縄は暖かかったです」を選んで答えています。学習者に選択肢を与えるヒントは、答えを提示するのとほとんど同じことなので、学習者が自分でアウトプットできる力がつきません。

> 読んでおきたい知識・情報

●(41)学習者とのインターアクション

　教員は学習者に質問したあと，学習者が答えるまで待ちます。学習者の答えを待つ時間は教員によって異なりますが，5秒前後です。しかし，学習者からすぐに答えが返ってくるとは限りません。その場合，1)ヒントを出す　2)選択肢を提示する，などの方法があります。時間がない場合は，他の学習者を指名するなどもあり得ます。決して答えの一部を言うなどしないことが大切です。

　学習者が考えた末に答えた内容が正しい場合，ほめることを忘れないようにしましょう。(☞笑顔でアイコンタクトすることの重要性については，10章(82ページ)も見てください。)

　以下の授業場面1～4について，選択肢ABCのどれが適切か選んでください。

★(42)授業場面1

> 難しい質問をしたい時，どんな順番で指名しますか。下のどれがいいか考えましょう。

A　難しい質問をしたい時，名簿の上から下に向かって順に指名します。
B　難しい質問をしたい時，授業についていくのに余裕がある学習者を指名します。
C　難しい質問をしたい時，授業についていくのに余裕がない学習者を指名します。

★授業場面1の解説

　Bが正しいです。
　難しい質問をしたい時は，まず授業についていくのに余裕がある学習者を指名します。授業についていくのに余裕がない学習者に指名すると，学習者の負担が大きすぎるためです。また，授業がとどこおって時間がかかります。

★(43) 授業場面2

> 他の授業の宿題をしたり，電話（スマートフォン）をさわっている学習者をみつけた時，どうしますか。下のどれがいいか考えましょう。

- A 別の授業の宿題をしたり，電話（スマートフォン）をさわっている学習者をみつけた時，すぐに指摘して取り上げます。
- B 別の授業の宿題をしたり，電話（スマートフォン）をさわっている学習者をみつけた時，その学習者に近づいて辞書など授業に関係があることを調べているのか否か確認します。
- C 別の授業の宿題をしたり，電話（スマートフォン）をさわっている学習者をみつけた時，その学習者に指名して授業に集中させます。

★授業場面2の解説

> 他の授業の宿題をしたり，電話（スマートフォン）をさわっている学習者をみつけた時，どうしますか。

Bが正しいです。

　別の授業の宿題をしたり，電話（スマートフォン）をさわっている学習者をみつけた時，すぐに電話を取り上げたりしないように注意しましょう。まずは，その学習者に近づいて辞書など授業に関係があることを調べているのか否かを確認します。わからない表現などを辞書で検索しているかもしれないからです。そうでない場合は，様々な対応の方法があります。学習者の個性に合わせて柔軟に対応できるようにしましょう。たとえば，一般的には，授業に関係ないことをしている学習者には，その学習者に適当な授業関連の質問をして授業に集中できるように仕向けます。

　それでもやめない場合は，授業に集中するように口頭で注意します。それでも効果がない場合は，電話を一時的に預かるなどすることも考えられます。その場の状況を配慮して冷静に対応できるようにしましょう。

★(44)授業場面3

> 学習者の声が小さくて他の学習者に聞こえにくい時,どうしますか。下のどれがいいか考えましょう。

- A 学習者の声が小さくて他の学習者に聞こえにくい時,教員が繰り返します。
- B 学習者の声が小さくて他の学習者に聞こえにくい時,他の学習者を指名します。
- C 学習者の声が小さくて他の学習者に聞こえにくい時,その学習者をもう一度指名します。

★授業場面3の解説

　場面に応じて臨機応変に柔軟に対応できるようにしましょう。時間がない場合は,教員が繰り返します。学習者の声が小さくて他の学習者に聞こえにくい時,遠くの学習者にも聞こえるように,教員がその学習者の言ったことをわかりやすくゆっくり発音して繰り返します。また,学習者に近づいて様子を見てあげることもあります。時間に余裕がある場合は,その学習者にもう一度言わせたり,他の学習者に言わせたりすることもあります。

★(45)授業場面4

> 授業の内容と関係ないような質問や授業の流れを阻害する可能性がある質問があった場合，どうしますか。下のどれがいいか選んでください。

A 丁寧にすべての質問に答えて質問した学習者を満足させます。
B 「授業の後で説明します」と伝え，質問した学習者以外の学習者が学習する権利を守ります。

★授業場面4の解説

　Bが正しいです。
　授業の流れを阻害する質問があった場合は，「授業の後でゆっくり説明します。授業が終わってから話しましょう。」などと伝えると解決できることがあります。他の学習者はそれらの質問の答えを聞きたいわけではないことが多いからです。また，授業の時間を1人の学生の質問のために使うことも避け，他の学習者が学ぶ権利を守ります。

　6章に「4. 自分の場合はどうなるか書いてみましょう」はありません。

5．もっと詳しい情報を得るために読むべきリソース

・川口義一・横溝紳一郎(2005)『成長する教師のための日本語教育ガイドブック(上)(下)』ひつじ書房.
・瀬尾匡輝・瀬尾悠希子・有森丈太郎・牛窪隆太・大隅紀子・中尾有岐・古屋憲章(2023)『ケースで考える！　誰も教えてくれない日本語教育の現場』ココ出版.

7章　授業見学
―見学で何を見ればいいですか?―

　登録日本語教員の資格認定に必要な日本語教育の実践研修(実習)には，1)オリエンテーション，2)授業見学，3)授業準備(指導案と教材の作成)，4)模擬授業，5)教壇実習，6)実践研修全体総括(振り返り)，の6つのことが含まれます。この章では，授業見学に焦点を当てます。

1．この章で何ができるようになりますか
●授業見学で見るべきポイントがわかります

2．見てみましょう

2-1　違いは何ですか
動画を見て下の質問に答えてください。

▶️動画12

> 動画12-Aと動画12-Bの違いは何ですか。

2-2　動画を見るポイント
次の「見るポイント」に注目して動画をもう一度見てください。
動画12を見るポイント
　自然な話し方をしているのは，動画12-Aと動画12-Bのどちらの教員ですか。教員の話し方に注目してください。

3．読んで考えましょう
(動画の解説)
　次の解説を読んで，動画をもう一度確認しましょう。

★(46) 動画12の解説

> 動画12－Aと動画12－Bの違いは何ですか。

　動画12－Aは、学習者が答えた後、もう一度教員が復唱する時、助詞の「で」と「へ」を強調しています。これに対して、動画12－Bは、学習者が答えた後、教員はナチュラルスピードで助詞も強調しない話し方をしています。

　助詞を強調するかしないかは、何を目的にするかによって異なります。たとえば、助詞の使い分けが苦手な学習者に対しては、注目すべき箇所を目立たせるために初級で初めて勉強するときも、助詞を強調しながら話すことがあります。一方、日本語を学習する目的が日本での進学や就職の学習者に対しては、母語話者の自然な話し方に慣れる必要があるので、助詞を強調しないでナチュラルスピードで話すほうがいい場合もあります。

読んでおきたい知識・情報
●(47) 助詞を強調する教員の話し方

　日本語の授業では、教員の学習者に対する特別な話し方（ティーチャートーク）が使われることがあります。たとえば、助詞の「京都に行きます」と「京都へ行きます」の違いを目立たせるために「に」「へ」を強調して発音する話し方をすることがあります。ミニマルペアと呼ばれる発音の練習などではこのような話し方が適当なこともあります。

　しかし、教員がナチュラルスピードで助詞を強調しない話し方をすることで、学習者はだんだん母語話者の話し方に慣れていくことができます。

4. 自分の場合はどうなるか書いてみましょう

　授業の実践をする前に日本語教員の授業を見学させていただくことが重要です。次に示すのは、授業見学のときに注目すべきポイントです。授業見学は実習期間にしかできない貴重な機会で、日本語教員となったあとは、他の教員の授業を見学できることはほとんどありません。この貴重な機会を無駄にしないためにも何となく見学するのではなく、見るポイントをふまえて臨みましょう。

★(48)授業見学で見るポイント

授業見学で見るべきポイントは下の通りです。

【教室に入る前】
1. 教員はどのような準備をしていますか。
2. 教員は授業に何を持っていきますか。
3. 教員は他の教員と何を話していますか。
4. 教員は教室に授業が始まる何分前からいますか。

【授業前(授業が始まるまで)】
5. 教室の機器や机などの配置はどのようになっていますか。
6. 授業が始まる前, 教員は学習者とどのようなコミュニケーションを取っていますか。
7. 授業開始前に教員はどのような準備をしていますか。

【授業中】
8. 授業の内容をそれぞれ何分ずつおこなっていますか。(例: 9:00 - 9:02 出席, 9:03 - 9:13 小テスト実施など)
9. 教員はどのように出席を取っていますか。
10. 教員は小テストをする時, どのようにしていますか。/小テストをどのように回収していますか。
11. 教員は小テストのフィードバックをどのようにしていますか。
12. 教員は学習者にどのように授業のCan do・目標を提示していますか。
13. 教員は学習者にどんな質問をしていますか。また, どのような語彙・文法を選んで使っていますか。
14. 教員の話すスピードはどうですか。スピードはいつも同じですか。ゆっくりになるのはどんなときですか。
15. 教員は学習者がわからない時、どのような質問をしますか。
16. 教員の表情はどうですか。どうやってほめていますか。アイコンタクトはどうしていますか。
17. 話すのが遅い学習者はいますか。
18. 学習者はどのような内容に興味を持って教員の話を聞いていますか。
19. 教員は何を板書していますか。どのように板書の配置や色の使い分けに関して, どのような工夫が見られましたか。
20. 教科書以外の教材は配布されましたか。それは教科書とどう関連していて,

何を目的にしたものでしたか。
21. 教員が作った教材にある説明文にはルビがありますか。どのような語彙・文法を選んで使っていますか。
22. 教員はどんな練習をいつ使用していますか。授業の前半と後半ではどのような練習が配置されていましたか。なぜですか。
23. 授業が終わるまでの流れはどうでしたか。何をどのような順番でしていますか。

【授業後】
24. 授業後に教室で教員は何をしていますか。
25. 授業後に教室で教員は学習者とどのような話をしていますか。

【授業見学の振り返り】
26. 授業見学をした教員のしていたことで自分の授業に部分的にでも使ってみたいと思ったことは何ですか。
27. 自分だったらこうすると思ったところは何ですか。

★(49) 見学の後に報告シートを提出しましょう

授業見学をした後に下のワークシート9「見学の総まとめ」を書き、その後で「見学報告シート」(別冊・オンラインPDFのワークシート10)を書いて指導教員に提出しましょう。ワークシート11「日本語教員としての目標・ビリーフ(2)授業見学の後の変化」も記録しましょう。

ワークシート9　見学の総まとめ（この教員のここを真似したい）

見学をいくつかした後、この教員の授業のここを真似したいというポイントを整理してください。

(　　　　) 先生の授業 (　　　　　　　　　　)
(　　　　) 先生の授業 (　　　　　　　　　　)
(　　　　) 先生の授業 (　　　　　　　　　　)

ワークシート10　見学報告シート

(48)に示した授業見学のための「授業見学で見るポイント」1．～27．の中で自分の授業で特に注意したいのはどれかワークシート10に書きましょう。例は62ページにあります。このシートを保存しておいて，後で指導案を作成する時に使用することを忘れないようにしてください。

ワークシート11　日本語教員としての目標・ビリーフ(2) 授業見学の後の変化

授業見学をした後，あなたの日本語教員としての目標・ビリーフは具体的になってきましたか。

自分が日本語教員として授業をするときの目標・ビリーフを可視化しましょう。12章(97～98ページ)のワークシート28「振り返りのチェック項目」を見て，下の質問に答えてください。

1章(8ページ)のワークシート2「日本語教員としての目標・ビリーフ(1)まずは可視化しましょう」より具体的に書けるようになりましたか。

質問1　自分が授業をするときに大切にしようと思うこと(ビリーフ)は何ですか。12章(97～98ページ)のワークシート28「振り返りのチェック項目」を見て，今の自分に不足しているものがどれか，どれを大切にしたいかリストから選んでください。

質問2　授業の実践(実習)の目標は何ですか。

質問3　ある一連の授業実践(実習)を終えた時，何ができる日本語教員になっていたいですか。

5．もっと詳しい情報を得るために読むべきリソース

・大森雅美・鴻野豊子(2012)『授業の作り方Q&A78編』日本語教師の7つ道具シリーズ　1，アルク．

3部

教員としての成長を記録しましょう

8章　授業実践の記録と共有の方法
―ダイアリとポートフォリオ―

　「自己研修型の日本語教員」とは，自分自身で振り返りを習慣づけ，目標を立てて成長し続ける教員のことです。「自己研修型の日本語教員」は目標を達成するために，自分自身の意欲や行動を自らが観察し，調整し学習を進めていく自己調整学習を用いることがあります。この章では，自己調整学習のために，実習を記録する方法を示します。日本語教員になった後でも，自分の授業実践の振り返りが習慣づけられるようにするためにも，授業実践の記録と共有の方法を知っておきましょう。

1. この章で何ができるようになりますか
　●授業実践（実習）の記録・保存の方法が，目的に合わせて選べます

2. 見てみましょう

2-1　違いは何ですか
動画を見て下の質問に答えてください。

▶ 動画13

> 動画13-Aと動画13-Bの違いは何ですか。

| |
| |

2-2　動画を見るポイント
次の「見るポイント」に注目して動画をもう一度見てください。

★動画13を見るポイント
　どんな情報を記録していますか。動画13-Aと動画13-Bではどちらがより多くの情報を記録しているか，どのようなことを記録しているのかに注目してください。

3. 読んで考えましょう

動画の解説

次の解説を読んで，動画をもう一度確認しましょう。

★(50)動画13の解説

> 動画13－Aと動画13－Bの違いは何ですか。

　動画13－Aと動画13－Bは，フォルダの中に保存しているものが異なります。動画13－Aは，実習で毎回書いている実習の日記のような実習ダイアリです。一方，動画13－Bは，実習ダイアリ以外に，教材や指導案，実習のスケジュールなど実習で配布された資料や実習生自身が作成したものが全て保存されています。また，動画13－Aは，授業見学の記録で「教員の教え方はわかりやすかった」や「留学生と話せて楽しかった」とただ見たときの所見を書いています。他方，動画13－Bは，気になったこと，考察，今後の実践のためのメモなどの項目があります。気になったことを書きとめるだけでなく，気になったことについて考察をおこなうことで，見学で得たものを自分の授業に活かすことができます。

読んでおきたい知識・情報

●(51)実習のダイアリ

　実習のダイアリとは，実習中に書く日誌のようなものです。専門的には，「ダイアリ」とは，教員や学習者が授業中の経験について感じたことや考えたことを日記のように書いたものであり，単に「今日の授業見学は勉強になった」や「学習者と一緒に活動できて楽しかった」「他の実習生の授業はとてもよかった」などのように大まかな感想を書くものではありません。12章（97～98ページ）のワークシート28「振り返りのチェック項目」を参照して，どのような点に着目して分析すべきかを考えてみましょう。

　授業実践をした日や授業見学をした日，授業の準備をした日には，経験したことをダイアリに書いて，それをどのようにすれば自分の担当する授業や成長に活かせるかを，段階的に考えていくといいでしょう。（☞実習のダイアリについてはワークシート29「実習ダイアリ」（98ページ）の付録を活用してデータを蓄積してください。）

実習ダイアリ(見学報告シート)の例

2024年5月10日(金)
選択した見るポイント 13, 15, 16
今日したこと (授業の見学) 実習の準備, 実習の授業, その他(　　　))
日本語授業のレベル5(初中級レベル)の総合日本語の授業見学をした。学習者10名
(イギリス2名, インドネシア2名, カナダ1名, 中国2名, ミャンマー3名)

気づいたこと・気になったこと
1. 先生が学習者に出席を取りながら,「風邪はもう治りましたか」と質問していた。
2. 先生は学習者がわからないとき, 言い方を変えてもう一度質問していた。

分析・考察
1. 先生は, 出席を取りながら, 昨日休んだAさんの体調を確認する質問をしている。
2. 先生は学習者の表情をよく見ていて, 理解できていないことがわかったら, 言い換えて質問していた。

今後の実践のためのメモ
出席は, 教室に学習者がいるか確認するためではなく, 体調やメンタル面を確認する作業でもあることがわかったので, 必要に応じて使う必要がある。出席とも関連しているが, 授業をする時は, 学習者の表情などを観察しなければならない。

実習校の担当教員　　サインなど

指導教員　　サインなど

●(52)ポートフォリオ

　ポートフォリオとは, 元は「書類入れ」という意味で, 教育の分野では, 複数のダイアリや記録を書いた場合に, 個々のデータをまとめて蓄積するフォルダの総称です。実習の目標・成果・プロセスなどを記録したデータは, 振り返りを繰り返すことで自分の成長へのモチベーションを高め, 目標の達成の助けとなります。

　実習のポートフォリオには, 実習のシラバス, 実習で指導教員からもらった資料, スケジュール, 実習ダイアリ, 指導案, 教材などを入れることもあります。ポートフォリオは経験したことを文章で記録するダイアリだけではなく, 指導案や教材, 動画なども一緒に保存されていることから実習の最初から最後まで

の記録を時系列でも振り返る貴重なデータとなります。オンラインで保存する場合は,「1人模擬授業」や模擬授業の動画なども入れると便利です。

4．自分の場合はどうなるか書いてみましょう

　実習の記録方法は,指導教員によって異なります。指導教員によっては,毎回の授業実践(実習)のダイアリを一回ずつ提出すればいい場合もあれば,ポートフォリオを作成してダイアリの蓄積をまとまりとして提出する場合もあります。指導教員の指示に従って記録しましょう。

　もし,指導教員が実習ダイアリだけを使用していても,実習生自身が将来のためにポートフォリオでの記録を希望する場合は,自分の個人メールなどを使用し,ドライブ上にフォルダを作成して,保存しましょう。(☞98ページ(ワークシート29「実習ダイアリ」)に記入してください。)

5．もっと詳しい情報を得るために読むべき書籍や論文

・朝倉淳子(1999)「日本語教育実習生のダイアリー・スタディ調査」『龍谷大学国際センター研究年報』8,pp17-28.
・中西久実子(2010)「日本語教育実習におけるWebダイアリの有効性」『無差』17,pp.77-100.
・ディル・H・シャンク,バリー・J・ジマーマン(編),塚野州一(訳編)(2009)「自己調整学習と動機づけ」北大路書房.

💡日本語教員の豆知識7　授業の実践前に学習者と仲良くなるメリット

　日本語の授業に慣れないうちは,ボランティアや交流イベントなどに参加して学習者と交流してみましょう。そのような機会がない場合は,指導教員に相談して,授業実践をするクラスの学習者と話す機会がないか相談しましょう。学習者が日本語で話す速度,学習者がどれくらい誤用をおかすのかなどがわかるからです。また,学習者と面識があると,授業実践で緊張していて小さな失敗をしても学習者に助けられるなどというメリットもあります。

9章　授業実践に必要なビジネスマナー・心構え

1．この章で何ができるようになりますか
- 実習の全体像と流れがわかります
- 実習開始前の準備・心構えがわかります
- 実習校の担当教員に挨拶のメールが書けるようになります

この章には動画がないので,「2．見てみましょう」はありません。

3．読んで考えましょう

読んでおきたい知識・情報

●(53)実習の全体像と流れ

一般的な実習は次のような流れでおこなわれます。

実習の申し込みなど事務的な準備
→事前学習,実習校への挨拶・授業見学
→1回目の実習→お礼と挨拶→事後学習と振り返り
→2回目の実習→お礼と挨拶→事後学習と振り返り

　実習の流れは実習校によって異なりますが,1つのモデルケースを例として説明します。たとえば,実習の開始2～3か月前ごろに,実習の申し込みなど事務的な手続きと準備をします。その後,実習を指導し,評価する指導教員に指導を受けながら事前学習をして,実習校への挨拶や授業見学などをします。1回目実習の後は,指導教官と実習校の担当教員にお礼・挨拶をします。そして,事後学習と振り返りをし,2回目の実習への課題と目標を書きとめ,2回目実習の準備(指導案作成や模擬授業)に活かします。2回目の実習が終わったら,指導教員と実習校の担当教員にお礼と挨拶をして事後学習と振り返りをして,今後の自分の授業に活かせるように保存しておきます。

ワークシート12　実習のスケジュール

自分の実習ではいつごろまでに何をするか整理しましょう。

```
自分の実習の予定
自分の学校の指導教員　　（　　　　　　　　　　　）先生
実習校の受け入れ担当教員　（　　　　　　　　　　　）先生

事務手続きの開始　　　月　日（　）〜　　年　月　日（　）

事前学習の開始　　　　月　日（　）〜　　年　月　日（　）
１回目の実習　　　　　月　日（　）〜　　年　月　日（　）
振り返り　　　　　　　月　日（　）〜　　年　月　日（　）

事前学習の開始　　　　月　日（　）〜　　年　月　日（　）
２回目の実習　　　　　月　日（　）〜　　年　月　日（　）
振り返り　　　　　　　月　日（　）〜　　年　月　日（　）
```

実習校が使用する教科書など必要なものを早めに入手することが大切です。書籍の取り寄せに時間がかかる場合があるので早めに予約など手配をしましょう。

●(54) 実習開始前の準備・心構え

　実習は実習校の協力があってこそできるもので，企業でおこなうインターンシップと同じです。実習をする時は，実習校では，学生気分で行動するのでなく，その組織の一員となったつもりで，服装も含めて実習校の教育方針・規則に従って行動し，社会人として常識ある行動しましょう。

　実習校は授業料を払って授業を受けに来ている学習者がいますので，実習をする際は慎重に行動しなければなりません。実習校の担当教員は実習生を受け入れることで本務外の負担が増え，教育活動の一貫性が損なわれることがあることを心に留めておき，感謝の念を持って接しましょう。

●(55) 自分の学校での連絡

実習をおこなう前に自分の学校で指導を受けましょう。自分の学校の授業などを実習のために欠席することがあることを連絡しておきましょう。ワークシート13を書いてください。

●(56) 実習校への連絡

実習をおこなう学校から実習の許可が出たら、その学校に連絡し、指示を受けます。実習校の担当教員に送るご挨拶のメールをワークシート14に書きましょう。

●(57) 実習校の情報を把握しましょう

実習をする学校のホームページなどを見て情報を、ワークシート15に書いてみましょう。

●(58) 授業をする(実習する)クラスのことを把握しましょう

自分が授業をするクラスについてワークシート16に書きましょう。

●(59) ホウレンソウ(報告・連絡・相談)

指導教員と実習校の担当教員に密に連絡を取り、何か動きがあったら、報告・連絡・相談することが大切です。不明確な点や不安なことがあれば、躊躇わず指導教員か実習校の担当教員に相談しましょう。

4. 自分の場合はどうなるか書いてみましょう

別冊

ワークシート13, ワークシート14, ワークシート15, ワークシート16に記入しましょう。紙の手紙を郵送する場合は、「拝啓, 敬具」などの表現が必要ですが, メールでは普通はこれらは書きません。

●(60) 実習のために他の授業の欠席をする連絡をしましょう

ワークシート13 実習などで大学での授業などを欠席する連絡メール

　実習などで自分の大学の授業などを欠席する場合はメールなどで他の授業の教員に連絡する必要があります。件名は「目的・氏名・授業科目曜日・科目名」の順で明記しましょう。たとえば,「欠席連絡　山田花子　火曜1講時　日本語教育実習」「指導案ご送付　山田花子　火曜1講時　日本語教育実習」「日程ご相談　山田花子　火曜1講時　日本語教育実習」などです。

　添付するファイルには,ファイル名に「提出日　氏名　内容」を明記しましょう。ほとんどの教員は1日に何個もの添付ファイルを受け取り,その度にファイル名を変換するのはかなりの手間だからです。また,同じ学生が何度も添付ファイルを送ることがあるので,日付もファイル名に入れましょう。メールの文章は付録(※オンラインPDF)にあります。

●(61) 実習校の担当教員に挨拶

ワークシート14 実習校の担当教員への挨拶メール

●(62) 学校の概要を調べましょう

ワークシート15 実習校の情報

自分が実習をする学校の名前(　　　　　　　　　)

学校の沿革を読んで覚えておくべきことは何ですか。

学校組織を見て覚えておくべきことは何ですか。

教育目標・学校が指導上で重視していることは何ですか。

自分が事前学習・実習をする前後の学校の行事予定を見ておきましょう。
定期試験などの情報・学年暦

日本語の授業にはどんなクラスがあり,どんな学習者がいますか。

● (63) 授業を実践するクラスの情報を集めましょう
ワークシート16　自分が授業をするクラスの情報 別冊

学習者の人数・母語・日本語能力

（　　　）語母語話者（　　　）人

（　　　）語母語話者（　　　）人

N4〜5程度／A1〜A2程度（　　　）人
N3程度／A2〜B1程度（　　　）人
N1〜2程度／B1〜B2程度（　　　）人

学習者の主な学習目的・進路

大学・大学院進学目的（　　　）人

就労目的（　　　）人　　その他（　　　）人

クラスを担当する日本語教員（　　　）人

授業後の連絡方法と連絡すべき内容

5．もっと詳しい情報を得るために読むべきリソース

・指導教員や実習校の担当教員にお送りするメールやお手紙については，ビジネスレターの書き方の書籍などで調べることができます。

・実践研修（実習）のマナーについては，日本語教育にかぎらず，国語教育など一般的な「教育実習」の書籍にも記載されています。

・瀬尾匡輝・瀬尾悠希子・有森丈太郎・牛窪隆太・大隅紀子・中尾有岐・古屋憲章（2023）『ケースで考える！　誰も教えてくれない日本語教育の現場』ココ出版．

4部

授業じゅぎょうの準備じゅんびを しましょう

10章　指導案を作成してみましょう

　登録日本語教員の資格認定に必要な日本語教育の実践研修(実習)には，1) オリエンテーション，2) 授業見学，3) 授業準備(指導案と教材の作成)，4) 模擬授業，5) 教壇実習，6) 実践研修全体総括(振り返り)，の6つのことが含まれます。この章では，指導案に焦点を当てます。

　指導案の作成方法は，実習の指導教員・授業を実践する教員によって異なりますので，確認が必要です。たとえば，教員と学習者のセリフを想定しながら書く細かい指導案を書く場合もあれば，授業の大まかな流れだけを書き留めている場合もあります。その他に，学習者のアウトプットを重視する指導案，書くことで学習者の習得を確実なものにする活動を取り入れる指導案，シャドーイングを重視する指導案などもあります。

1．この章で何ができるようになりますか

- ●自分の授業の内容が整理できます
- ●自分の授業とその前後の授業について整理できます
- ●自分が担当する授業でインプットする内容(文法，会話など)は他の教科書ではどう扱われているかわかります
- ●自分が担当する授業の内容(文法，会話など)について情報を集められます
- ●自分が担当する授業の内容(文法，会話など)は，母語話者はどんな場面でどう使っているかわかります
- ★どんな練習をして定着がはかれるかわかります
- ★指導案の大まかな流れを作成できます
- ●危機管理の準備ができます
- ★教材が準備できます
- ★より詳しい指導案にヴァージョンアップできます
- ●アイコンタクトがコントロールできます

この章には動画がないので,「2．見てみましょう」「3．読んで考えましょう〈動画の解説〉〈読んでおきたい知識・情報〉」はありません。

4．自分の場合はどうなるか書いてみましょう
★(64)自分が担当する授業の内容を整理しましょう

ワークシート17　指導案の具体化

　3章(28ページ)のワークシート6，5章(45ページ)のワークシート8を見直して指導案を具体化させるための情報を整理しましょう。

```
自分の授業の目標・自分の授業ですること



自分の授業で新たにインプットすること




自分の授業が終わった時，学習者は何ができるようになっていますか。



```

★(65)自分が担当する授業とその前後の授業について整理しましょう

　授業の準備をする時は前後の授業の語彙や文法を取り入れながら指導案を考えます。たとえば,『みんなの日本語Ⅰ本冊』第19課の「〜たり〜たり」を新たにインプットする時には,その前の第17課で「〜ないでください」,第18課で「〜することができます」を学習しているので,既習の文法と新たにインプットする文法を組み合わせて「たばこをすっ たり ,ビールを飲ん だり しないでください」「わたしは日本語で映画を見 たり ,新聞を読ん だり することができます」などという練習をすると効果的です。枠で囲んだ部分がインプットするターゲットになる形式で,下線部分が既習の文法です。

そのためにも，自分が担当する授業だけでなく，その前後の授業はどんな授業か調べる必要があります。下のワークシート18の空欄を埋めて，自分の授業の指導案をどう作成していくか考えましょう。

ワークシート18　自分の授業とその前後の授業

自分が担当する授業

学習者の人数（　　　）人

学習者の母語（　　　）語，（　　　）語

学習者の学習目的（進学・交換留学・就職・その他（　　　　　　　））

自分の授業で新たにインプットする語彙・表現

前の２課の授業でインプットされた語彙・文法

後の授業で何をするか調べましょう

自分の授業でインプットする内容と既習語彙や既習文法の組み合わせ例

★(66)自分が担当する授業でインプットする内容(文法, 会話など)

　自分が担当する授業でインプットする内容(文法, 会話など)は, 母語話者はどんな場面でどう使っているか書籍で調べて下のワークシートに書きましょう。そして, 自分の指導案に活かせる結果があったか他の実習生と共有して議論しましょう。

ワークシート19 日本語母語話者は自分が担当する内容(文法, 会話など)をどう使っているか

　「のだ」を母語話者がどのように使っているかこの章の最後にある参考文献(☞『場面とコミュニケーションでわかる日本語文法ハンドブック』『日本語教育のための文法コロケーションハンドブック』)などで調べて下に書いてください。または, 「NINJAL-LWP for TWC(NLT)」, 「現代日本語書き言葉均衡コーパス(BCCWJ)」などのコーパスで検索してください。

母語話者は「のだ」をどう使っていますか。
例)☞『場面とコミュニケーションでわかる日本語文法ハンドブック』のp.405「母語話者の使い方を見てみましょう」には母語話者がどう使うかが書かれています。

母語話者がよく使うコロケーションで指導案に取り入れられそうなものがありましたか。たとえば, 母語話者がその内容(文法, 会話など)と一緒によく使う動詞や名詞, 定型表現などあれば, メモしておきましょう。

★(67)自分が担当する授業の内容は，他の教科書ではどう扱われているか

　　自分が担当する授業の内容（文法，会話など）は他の教科書ではどう扱われているかこの章の最後の参考文献（☞例　『場面とコミュニケーションでわかる日本語文法ハンドブック』の「日本語教科書を見てみましょう」など）を見て調べて下のワークシートに書きましょう。そして，自分の指導案に活かせる結果があったか他の実習生と共有して議論しましょう。

ワークシート20　**自分の授業内容は他の教科書ではどうか**

どのような場面でインプットされていますか。

どのような例文が使われていますか。

自分の指導案に利用できそうな場面や例文があればメモしましょう。

★(68)担当する授業の内容（文法，会話，読解内容など）について情報を集めましょう。

・授業実践で文法のインプットを担当する場合も会話・読解のインプットを担当する場合も，文法書で調べて書いてある内容や実習で必要な知識を整理しましょう。その中から，自分の授業で使う情報を指導案に入れましょう。

ワークシート21　**自分の授業内容は文法の解説書ではどう説明されているか**

　　自分の担当する授業の内容は，文法の解説書ではどう説明されているかこの章の最後の参考文献で調べて整理してみましょう。そして，自分の指導案

に活かせる結果があったか他の実習生と共有して議論しましょう。

> 自分の授業で使えそうな解説をメモしておきましょう。
>
>
>
> 上の解説を自分の授業で使う時,どのような「やさしい日本語」に変えるか,書いてみましょう。既習語彙と既習文法だけで説明できますか。

★(69)どんな練習をして定着がはかれるか考えましょう

インターネットの動画サイト(YouTubeなど)には様々な日本語教育の練習の動画があるので,YouTube動画を見て,自分が使いたい練習を考えましょう。そして,使えそうな練習のキーワードをメモしてください。自分の指導案に活かせる結果があったか他の実習生と共有して議論しましょう。

自分が担当するクラスの到達目標，自分が担当する授業の目標・Can doを整理して定着のための練習を考えましょう。

ワークシート22	定着のための練習

自分が担当するクラスの到達目標は何ですか。

自分が担当する授業の目標・Can doは何ですか。

自分が担当する授業の内容はインターネットなどでどのように扱われていますか。

3章，4章をもう一度読んで，どんな練習でアウトプットさせれば，定着に導けるか考えてみましょう。

★(70)指導案の大まかな流れを作成しましょう。

　自分が担当する授業の大まかな流れをメモに箇条書きにしてみましょう。作成する前に，自分はどのような授業の構成にしたいか考えましょう。たとえば，90分授業のクラスの場合，下のような時間配分に設定ができます。また，☞『場面とコミュニケーションでわかる日本語文法ハンドブック』の「教えるときのポイント」には具体的な授業の例も示されています。

0分～10分(実際の指導案では時刻を表記)
　A　ウォームアップと復習，出席管理
　B　復習としての語彙チェック
　C　目標・Can doの提示

10分～20分
　D　文法・モデル会話のインプット

20分～35分
　E　発音に慣れるためのアウトプット・定着のためのアウトプット

35分～60分
　F　自然な場面でのアウトプット

60分～90分
　G　自然な場面でのインフォメーションギャップなどのアウトプット

★(71)危機管理の準備をしましょう

　時間が余ったら何をするか，時間が足りない時どれを省略できるかなど事前に担当教員に相談して準備し，対応できるようにしておきましょう。

ワークシート23　危機管理メモ

1. 時間が余ったら何をしますか。

2. 時間が足りない時どれを省略できますか。

3. 遅刻者・欠席者がいたらテストや活動はどうしますか。

4. トイレに行きたいという学習者や，教科書を忘れた学習者がいたらどうしますか。

★(72)教材を準備しましょう

　特に初級レベルでは，学習者に見せるパワーポイントなどの教材は，基本的には絵と写真だけで作成します。文字は絵を見せた後に答えとして提示するだけにとどめます。先に文字を見せると，学習者がアウトプットする機会を奪うことになり，習得が進まないためです。たとえば，次に示す教材例Aでは，文字だけを示してインプットや練習をさせようとしています。このような教材で空欄を埋めるだけの練習は独学でもできるので，学習者は教員と一緒にクラス授業で練習する意味が感じられません。

教材例A

(1) ジョンさんは，テレビ（　　　　　）＿＿＿＿＿ます。

(2) リーさんは，すし（　　　　　）＿＿＿＿＿ます。

　また，授業で使用する絵は誰が見ても何を言えばいいかすぐわかる絵を選びます。見る人によって異なる解釈ができるような絵や不必要な情報が入っていると授業が混乱します。たとえば，「抹茶ドーナツとマロンドーナツのどちらにしますか」という質問を学習者にする時は，普通はパワーポイントに抹茶ドーナツとマロンドーナツの絵と並べて見せますが，その場合に栗の絵を一緒に見せたら，学習者は3つを比較すべきなのかと迷います。必要では

ない絵や情報を教材に入れないようにしましょう。

教材例B

教材例Bは教材に絵しかありません。つまり、教員はこの絵を学習者に見せれば、学習者がまず名詞「テレビ、写真、本」などをアウトプットすることができます。これで教員と学習者のインターアクションは1往復できます。さらに、「何をしますか」と質問すれば「見ます」という動詞が学習者から引き出せます。これで教員と学習者のインターアクションは2往復になります。教材はできるだけ学習者が先に話せるような質問をしやすいものを準備しましょう。

★(73)指導案をヴァージョンアップして完成させましょう 別冊

3章(28ページ)ワークシート6、72ページのワークシート18「自分の授業とその前後の授業」で自分が何を書いたか(学習者のこと、語彙のことなど)を見直してください。そして、どのような授業の構成にしたいかを考え直して指導案をヴァージョンアップさせましょう。

ワークシート24 指導案のヴァージョンアップ

時　間	何をするか	用意する教材・教具
ウォーム アップ		
導入		

展開1	
展開2	
クロージング	

★(74) 必要に応じて詳細な指導案(セリフ入り)を用意しましょう

　指導案をどこまで詳しく書くかは，指導教員によって異なります。指導教員が大まかな指導案でいいという場合でも，実習生自身がある程度話すことを決めておきたいという場合は，次のワークシートに詳細な指導案(セリフ入り)を書いて準備しましょう。

　授業で何を言うか，どの学習者にどんな質問をするか予め決めておくと指導案の精度が上がります。セリフを書かない場合は，自分でも答えられない質問を指導案に入れてしまいがちだからです。質問に対する想定される答えを書き出すことによって，自分でも答えられない質問をする失敗を防ぐことができます。学習者が答えるまでにかかる時間や答えが出ない場合のヒントについても準備が必要です。(☞学習者とのインターアクションについては，6章「クラスコントロールのためのテクニック」(48〜53ページ)を見てください。)

ワークシート25　詳細な指導案（セリフ入り）

自分が担当する授業の目標・Can do

時間	教員の言動	学習者の言動	用意する 教材・教具	予定の 板書・ppt
ウォーム アップ				
導入				
展開1				
展開2				
クロージング				

★(75)授業で学習者に先に発話させる

日本語の授業は、外国語を習得する授業なので、教員より先に学習者に発話させることが大切です。

先に文字を見せたり、教員がその絵の語彙を先に言うと、学習者が思い出す機会を奪うことになるからです。授業で一回聞いてしまったら、学習者はその語彙を自力で思い出す機会を失います。たとえば、下の教材を学習者に見せた場合、教員が先に「何を食べますか。」と言ってしまわないように注意が必要です。学習者はこの絵を見て「ta be ma s」という音を自分の力で思い出してアウトプットすることが必要です。学習者は誰かに言われる前に自分の力で語彙や表現を思い出す時に習得が進むからです。

学習者に先に発話させる方法は簡単で、教員が学習者の発話を引き出すための質問をするだけです。たとえば、絵と写真を学習者に見せて、学習者にその絵は何か、先に話をさせます。学習者がその絵にふさわしい日本語を言ったら(アウトプットしたら)、その学習者は習得が進む

可能性があります。学習者が自分の力で発話したら、その後で教員は正しい発音で繰り返します。教員の発音は日本語母語話者の模範的な発音だからです。「先に絵を見せて、学習者に言わせて、その後で文字を見せて教員が発音する」という順番を覚えておきましょう。

●(76)アイコンタクトがコントロールできます

教員の表情は学習者にとって重要です。教員が楽しそうに笑顔になれば、学習者も授業が楽しくなります。これをミラー効果と言います。授業の実践に慣れれば、必要な箇所で笑顔でアイコンタクトができます。しかし、慣れないうちは、笑顔でアイコンタクトをする余裕がないので、指導案に「笑顔」の「にこにこマーク」などを書き入れるなどして、笑顔でアイコンタクトをする箇所を作っておき、そこでクラス全体を見渡して、1人ひとりの学習者と笑顔でアイコンタクトができるようにコントロールしなければなりません。クラス全体を見渡すことは、困っている学習者がいないか、私語をしている学習者がいないかなどを把握するためにも重要です。これをクラスコントロール

と言います。（☞クラスコントロールについては，6章「クラスコントロールのためのテクニック」(48～53ページ)を見てください。）

5．もっと詳しい情報を得るために読むべきリソース

　この章では，文法を教える指導案を想定しましたが，日本語の授業では，読解，聴解，作文，アカデミックライティングなど様々あります。どのような指導案があるのかをくわしく知りたい人は，下記の書籍を読んでみましょう。

- 庵功雄・高梨信乃・中西久実子・山田敏弘(2000)『初級を教える人のための日本語文法ハンドブック』スリーエーネットワーク．
- 市川保子(2005)『初級日本語文法と教え方のポイント』スリーエーネットワーク．
- グループジャマシイ(編)(2023)『日本語文型辞典　改訂版』くろしお出版．
- 国際交流基金(2008)『教材開発』国際交流基金日本語教授法シリーズ14，ひつじ書房．
- 中西久実子・坂口昌子・大谷つかさ・寺田友子(2020)『使える日本語文法ガイドブック』ひつじ書房．
- 中西久実子・中俣尚己・坂口昌子・大谷つかさ・寺田友子(2021)『場面とコミュニケーションでわかる日本語文法ハンドブック』ひつじ書房．
- 中俣尚己(2014)『日本語教育のための文法コロケーションハンドブック』くろしお出版．
- 中俣尚己(2021)『「中納言」を活用したコーパス日本語研究入門』ひつじ書房．
- 横溝紳一郎・坂本正(2024)『今すぐ役立つ！　日本語授業　教案の作り方』日本語教師ハンドブック，アルク．

11章　模擬授業をしてみましょう

　登録日本語教員の資格認定に必要な日本語教育の実践研修(実習)には，1) オリエンテーション，2) 授業見学，3) 授業準備(指導案と教材の作成)，4) 模擬授業，5) 教壇実習，6) 実践研修全体総括(振り返り)，の6つのことが含まれます。この章では，模擬授業に焦点を当てます。

1. この章で何ができるようになりますか

- 教室環境を確認できます
- パワーポイント，教材，板書計画が準備できます
- 自分の授業の大まかな流れのメモが作成できます
- 「1人模擬授業」ができます
- 「1人模擬授業」の振り返り・指導案や教材の修正ができます
- 他の実習生に協力してもらって自主練習ができます
- 模擬授業への目標の設定(目標の再設定)ができます
- 模擬授業ができます
- 模擬授業の振り返りができます
- 目標をもう一度考えられます(目標の再設定)

　この章には動画がないので，「2. 見てみましょう」「3. 読んで考えましょう」〈動画の解説〉〈読んでおきたい知識・情報〉」はありません。

読んでおきたい知識・情報

　模擬授業とは，実践研究(実習)の前に実習生どうしが先生役と学習者役になり，本当の日本語の授業のようにする練習のことで多くの場合，指導教員の立ち会いのもとでおこなわれます。

4. 自分の場合はどうなるか書いてみましょう

★(77) 教室環境を確認しましょう

　自分の授業をする教室の環境を確認しましょう。

> 教室環境を見るポイント

【教室全体の確認】

A) 教室の機器や机などの配置はどのようになっていますか。

B) 教室の様々な位置から, 黒板やモニターなどがはっきり見えるのか, どのように見えますか。

C) 学習者が使う机と椅子はいくつありますか。長机ですか。個別の机ですか。椅子は動かせますか。動かせない長椅子ですか。グループワークやペアワークをする時, 机や椅子は動かせますか。

D) 机間巡視できる広さがありますか。

E) 床の素材はどのようなものですが, 靴の音が鳴りやすいですか, 鳴りにくいですか。

F) 壁掛け時計はありますか。壁掛け時計がある場合, どこにありますか。

【ホワイトボード, 黒板の確認】

G) ホワイトボードですか, 黒板ですか。

H) ペンやチョークはありますか。色はいくつありますか。ペンはインクが乾いて使えなくなっていませんか。ペンが使えない場合, どこかで借りますか, 自分で買いますか。

I) 板書できる広さはどのぐらいありますか。

【機材の確認】

J) コンピュータやスクリーン, モニターなどはありますか。授業の前に誰もいない教室に行って使い方を練習できますか。

K) どうやってパワーポイントを提示したり, 音声を出したりしますか。機材の操作手順を確認するための教室の予約ができますか。

L) パワーポイントを映すのは, スクリーンですか, テレビですか, ホワイトボードですか。

M) パワーポイントの文字のポイントはどのぐらいの大きさが見やすいですか。

N) 教材の音は教室のどこから出ますか。

【教卓の確認】

O) 教卓は広いですか, 狭いですか。

P) 教卓に何が置いてありますか。

★(78) PPT, 教材, 板書案を準備しましょう
【PPT】
　10章の「★(72)教材を準備しましょう」で作成したパワーポイントや教材を★(48)で確認した教室の環境に合わせて修正しましょう。たとえば、パワーポイントを映すテレビやスクリーンが小さい場合は、絵や文字を大きくする必要があります。スクリーンなどの大きさにもよりますが、見出しは30ポイント～40ポイントが基準の文字の大きさで、本文は28ポイント～40ポイントで1枚のスライドに4行ほど文を入れるくらいが適当です。

【教材の準備】
　絵など授業中に1枚の絵を見せる場合にはどのぐらい拡大して印刷すれば見やすいのかを考えます。レアリア（実物）を見せる場合には、どのぐらい学習者に近づけば見えるか、頭より少し上に持ち上げて見せるかなど考えておきます。ワークシートも作成していれば、見直してみましょう。

【板書案の準備】
　板書する内容についても事前に準備が必要です。日本の学校教育でも英語の授業では黒板の端の部分を語彙リストにする教員や板書のときの文字の大きさ、文字の色など様々工夫している教員がいます。高校や大学などの授業で教員がどのように板書をしていたのかを思い出して、板書案を作成します。また、学習者が授業後に復習をするときにもわかりやすいように整理して板書の案を準備しましょう。

【PPTと黒板のどちらがいい？】
　授業では、パワーポイントだけ使う人、パワーポイントと黒板を使う人、黒板だけ使う人など様々な人がいます。特に、パワーポイントと黒板を使う人は、何をパワーポイントで示し、何を板書するのかを考えておく必要があります。パワーポイントのメリットは、板書する時間を節約できることです。また、最初のスライドには絵だけを入れて、アニメーションを使って後から文字を見せたり、あるいは、次のスライドに文字を入れておいて後で見せたりすることができます。スライドを出す時は、最初は絵だけを見せて学習者に何の絵か説明させて、正答が出たら、アニメーションで文字を出します。

　一方、パワーポイントのデメリットは、1つの画面に1つのスライドしか提示できないことです。そのため、スライドを次のページにしてしまうと、前の

ページのスライドにある大事な部分が継続して見せられません。残しておきたい部分を板書して黒板に残しておくと、学習者は黒板に書かれた内容を見ながら、パワーポイントに提示された問題を解くことができます。何をパワーポイントで示し、何を板書で残すのかを考えて指導案にメモしておきましょう。

★(79)自分の授業の大まかな流れのメモを作成しましょう

　10章(79ページ)の(73)ワークシート24で書いた大まかな流れから自分が授業をする時に忘れそうな部分をぬき出して箇条書きで書いておきましょう。
　実習の授業は、学習者とコミュニケーションをしながらおこなうため、指導案を見ながら授業をすることはしません。ある程度内容を覚えておく必要があります。しかし、すべてを覚えることが難しい人は、授業の大まかな流れをメモしておきましょう。書きとめる内容は人によって様々ですが、10章の(73)(74)で書いた指導案のうち、忘れそうな項目を箇条書きのメモにして書きとめておきます。授業をする時は指導案ではなく、そのメモを教卓などの見やすい位置に置くようにします。ワークシート26に自分の授業の大まかな流れと忘れそうな部分を箇条書きにしましょう。
　授業の時は、緊張していたり、学習者に気を取られていたりして、教卓の上に置いたメモは見にくいことがあります。メモは小さな字で鉛筆で書いていたら見えません。太いペンで大きな字で書いて、教卓から少し離れた位置から一瞬でメモの内容が見えるようにしましょう。
　模擬授業の前には必ずこのメモを使って1人で授業の大まかな流れを暗記します。「まず、○○をして、次に○○をする。それが終わったら○○をする。もし時間がなかったら、○○は省略する。時間が余ったら、○○をする。」などと言いながら、何度も手順を確認するために言ってみます。

ワークシート26　自分の授業の大まかな流れを暗記

　10章の(74)ワークシート25「詳細な指導案(セリフ入り)」で完成に近づいた指導案の大まかな流れを時刻と一緒に箇条書きでメモしてください。実習の時は、箇条書きを暗記して何も見ないで授業ができるようにしましょう。

★(80) 1人で模擬授業をしましょう

　指導案を書き，教材を作成したらすぐ模擬授業をおこなわないで，まずは自分1人だけで練習（「1人模擬授業」）をしましょう。

「1人模擬授業」をするときの持ち物

a. 自分の授業の指導案
b. (79)ワークシート26で書いた指導案の大まかな流れのメモ
c. 板書案
d. 時間を確認するための卓上時計（携帯電話の時計やコンピュータ画面の時計は字が小さくて見えにくいことがあります）
e. 自分の授業が録画できるスマートフォンやタブレットなど
f. パワーポイントや教材など授業中に学習者に提示するもの

　持ち物の準備をしたら，次はスマートフォンやタブレットをリハーサルする場所の全体が映るように設置しましょう。次は教卓の上の準備です。
　教卓の上には下記の1）2）を置きます。
1）上で示した「1人模擬授業」をするときの持ち物のa.からe.
2）上で示した「1人模擬授業」をするときの持ち物のf.
　1）は，1人で模擬授業するための持ち物で授業中に動かす必要がないものです。2）は学習者に提示したり配布したりするものです。これらは，授業で使う順番に並べておきましょう。学習者に配布するものや教材は，よく考えずに置くと，どこに何があるのかわかりにくく，教材を学習者に提示するまでに時間がかかります。しかし，提示する順番に並べておくことでスムーズに教材を学習者に提示することができます。また，提示した後の教材をどこに片づけていくかも考えておきましょう。一度使った後にもう使わない教材は，邪魔にならない場所に片づけられるように大きな箱や椅子を用意しておきましょう。準備ができたら，録画用のスマートフォンやタブレットの録画ボタンを押して，1人で模擬授業をおこないましょう。

★(81)「1人模擬授業」の振り返りと指導案・教材の修正

　時間を計って1人模擬授業をした後には，12章（97～98ページ）のワークシート28「振り返りのチェック項目」を見ながら振り返りをしてください。スマートフォンまたはタブレットで録画した動画を見ながら，「こうしたことは非常によかった。」「その時，こうしたことはよくなかった。次はこうしたい。」などと次に授業をするときの指導案の改善点や教材の修正のポイントを探します。

★(82)他の実習生に協力してもらって自主練習をしましょう

【自主練習のしかた】

　「1人模擬授業」をして，教材と指導案を修正した後，実習の時間外に空いている教室などで他の実習生に学習者役になってもらい模擬授業前の自主練習をしましょう。自主練習とは，指導教員がいない場所で模擬授業の前の練習を自由意思でおこなうものです。自主練習でもスマートフォンまたはタブレットで録画をしましょう。

　実習生どうしで自主練習をする時，先生役の実習生は，「1人模擬授業」をしたときからの改善点などを事前に伝えて，他の実習生から見て改善されているのかを確認してもらいましょう。それに加え，12章（97～98ページ）のワークシート28「振り返りのチェック項目」も見て，コメントをもらいましょう。この時，学習者役の実習生は，ただチェック項目を確認するだけではありません。自主練習と模擬授業で学習者役の実習生は重要な役割があります。

【自主練習で重要なこと】

　自主練習では，先生役の実習生が担当する授業の指導案をスムーズに実践できるかをみることが重要です。学習者役の実習生も重要な存在です。学習者役の実習生はただ先生役の実習生の質問に答えたり，活動に参加したりするだけでは，不十分です。学習者役の実習生は，先生役の実習生が担当する授業の既習語彙や既習文法をあらかじめ把握して参加します。そして，この授業を受ける学習者を想像しながら，学習者として反応しましょう。たとえば，既習語彙や既習文法にない語彙や文法を言われたときは「わかりません」「○○は何ですか」と反応しなければなりません。このように学習者役の実習生が学習者になりきることで，「1人模擬授業」をしただけでは見えなかったこ

とや指導案だけではわからなかったことに気づくことができます。

　一方，学習者役の実習生は，先生役の実習生にコメントを言うだけではなく，自分の授業でも役立つことがあれば忘れないように書きとめておき，必要があれば自分の指導案を修正しましょう。

★(83)「1人模擬授業」から「模擬授業」のための目標の再設定

　91〜92ページのワークシート27で目標を再設定するので，その準備のために58ページのワークシート11「日本語教員としての目標・ビリーフ(2)授業見学の後の変化」を見直し，修正のために必要になりそうなことをメモしておきましょう。

★(84)模擬授業をしましょう

　模擬授業は，後で振り返りができるように録画します。指導教員が動画を撮る場合もありますが，なければ他の実習生と指導教員に録画の承諾を得て，録画しましょう。

　先生役の実習生は，前日には体調を整え，授業で使用する教材なども確認しておきましょう。学習者役の実習生は，自主練習のときと同様に，ただ先生役の実習生の質問に答えたり，活動に参加したりするだけでは，不十分です。学習者役の実習生は，先生役の実習生が担当する授業の既習語彙や既習文法をあらかじめ把握して参加します。そして，この授業を受ける学習者を想像しながら，学習者として反応しましょう。

　学習者役の実習生が模擬授業で見るポイントは，12章(97〜98ページ)のワークシート28「振り返りのチェック項目」と同じです。ただ，学習者役として模擬授業を楽しむだけではなく，模擬授業後に学習者として，そして，同じ実習生として先生役の実習生にコメントが言えるようにしましょう。

★(85)模擬授業の振り返り

　授業をした後は，次へのステップアップのために必ず振り返りをして，成功したことや失敗などを書きとめましょう。授業から時間が経つと，何をどうすべきだったのか，自分のよくない癖は何だったのか，などを忘れがちです。せっかく授業をしても，その体験の振り返りを書きとめていなければ，次に

授業をする時にまた同じ失敗を繰り返します。忘れないうちに記録して次の授業の実践に役立てましょう。

　模擬授業の後の振り返りは指導教員によって異なります。多くの場合は，模擬授業が終わったらすぐ，学習者役の実習生や他の実習生に模擬授業のよかった点やよくなかった点を言った後，指導教員がフィードバックしながら解説します。先生役の実習生の担当する授業に対する客観的なコメントをもらうことができます。

　先生役の実習生は，コメントすべてを書きとめて次に授業をするときの指導案と教材の参考にしましょう。しかし，コメントすべてを受け入れる必要はありません。自分が担当する次の授業の状況を考慮して取り入れられないコメントは読むだけにとどめます。取り入れられるコメントは次の授業の指導案の修正に利用しましょう。

　自分の模擬授業の動画を見ることができる人は，指導教員と他の実習生のコメントに加え，模擬授業を録画した動画を見ながら，12章（97〜98ページ）のワークシート28「振り返りのチェック項目」を確認して修正しましょう。

　ポートフォリオを作成している人は，動画や指導案などをポートフォリオに入れておきましょう。

★(86) 目標の再設定

ワークシート27 日本語教員としての目標・ビリーフ（3）模擬授業の後の変化

　1章（8ページ）ワークシート2で書いたビリーフ・目標を見て，下の質問に答えてください。

> **質問1** 自分が授業をするときに大切にしようと思うこと（ビリーフ）は何ですか。12章（97〜98ページ）のワークシート28「振り返りのチェック項目」を見て，今の自分に不足しているものがどれか，どれを大切にしたいかを考えて1.から26.から選んでください。指導教員や他の実習生と話してビリーフに違いがあるか確認しておきましょう。ビリーフは人によって違うことを把握していないと，実習をする過程で戸惑ったり落ち込んだりすることがありますので注意しましょう。

質問2　授業の実践(実習)の目標は何ですか。

質問3　ある一連の授業実践(実習)を終えた時,どんな日本語教員になっていたいですか。

💡 日本語教員の豆知識8　就職時に必ずしなければならない模擬授業

　日本語学校などに日本語教員として応募する時は,面接だけでなく模擬授業をすることがあります。模擬授業は,初級レベルから上級レベルの学習者を想定したものまで様々なものがあります。また,海外の中等教育機関などで日本語で交流をおこなうことを目的とする採用の場合には,日本文化の模擬授業もあります。模擬授業をおこなう時間も5〜20分など様々です。模擬授業の内容は,求人情報や応募要項などを見て準備しましょう。将来日本語教員として働きたい人は自分がめざす学校の情報を早い段階で入手し,学校の傾向を知ることが大切です。

5. もっと詳しい情報を得るために読むべきリソース

　日本語教員の求人はインターネット上に公開されていることが多いです。
例
・国際交流基金(https://www.jpf.go.jp/j/project/japanese/teacher/teacher_careerpath.html)
・JICA(https://www.jica.go.jp/volunteer/application/)
・日本語教育学会(https://www.nkg.or.jp/boshu/)
・にほん村(https://job.nihonmura.jp/category/new/)

5部
教壇実習と振り返り

12章　授業実践(教壇実習)の当日のこと・授業後の振り返り

　登録日本語教員の資格認定に必要な日本語教育の実践研修(実習)には，1)オリエンテーション，2)授業見学，3)授業準備(指導案と教材の作成)，4)模擬授業，5)教壇実習，6)実践研修全体総括(振り返り)，の6つのことが含まれます。この章では，教壇実習と振り返りに焦点を当てます。

1. この章で何ができるようになりますか

- 教壇実習の当日にすべきことがわかります
- 自分の担当する授業の日は早めに準備ができます
- 自分の担当する授業が終わった後，必ずコメントをもらいます
- 毎回の授業の振り返りができます
- 他の実習生の授業の振り返りができます
- 実習全体の振り返りができます

　この章には動画がないので，「2. 見てみましょう」「3. 読んで考えましょう〈動画の解説〉〈読んでおきたい知識・情報〉」はありません。

4. 自分の場合はどうなるか書いてみましょう
★(87)自分の担当する授業の日は早めに準備

　自分の担当する授業の当日は，遅刻しないためにいつもより早めに実習校に着くようにしましょう。また，交通機関の遅延や実習校でのコピー機の故障など，何か予測できないことが起こる可能性もあります。ワークシートなど学習者に配布するものがある場合は前日までに準備するか，当日早く実習校に行って準備しておきます。その他に，実習では，指導教員や実習校の担当教員が教室の後ろから見学します。実習の後でコメントをもらえるように，指導案やワークシートを印刷して，実習の前に挨拶をして，指導教員や実習校の担当教員に渡しておきましょう。

　自分の担当した授業を振り返ることができるように，指導教員や実習校の担当教員が録画してくれることもあります。反対に，何もない可能性があります。しかし，何もない状態から振り返りをすることは困難なため，指導教員，

実習校，学習者に了承を得てから，スマートフォンやタブレットで録画または録音をしましょう。

★(88) 授業の当日の確認

実習当日は緊張して何を準備しなければならないのか忘れる可能性もあります。事前に確認する項目を作成し，準備しておきます。以下は，事前に確認する項目の例です。

授業実践の当日のために事前に確認する項目

【教室環境】
1　スクリーンやパソコンなどの機材の準備ができましたか。
2　音声は教室のどこから出ますか。聞こえにくい場所はないですか。
3　チョークやペンがありますか。
4　スクリーンやテレビなど学習者が見る画面は全員が見える位置になっていますか。

【教卓や教材】
5　教材は提示する順番に並べましたか。
6　時間が確認できる時計がありますか。自分のいる位置からしっかり見えますか。
7　授業の大まかな流れのメモは教卓に置きましたか。

【その他】
8　実習校の指導教員など実習でお世話になる実習授業の担当教員に挨拶と教案，ワークシートなどを渡しましたか。
9　学習者の名前は名簿などで確認しましたか。
10　靴は音が鳴らないもの（ゴム底の靴）ですか。歩きやすい靴ですか。

★(89)必ずコメントをもらいましょう

　実習校によって授業を見学した教員と振り返りの時間を担当する教員が異なることもあります。たとえば，日本語学校で実習をした場合，授業見学をしたのは実習校の教員であり，振り返りの時間を担当するのは，所属機関の指導教員です。

　このように複数の教員が担当している場合，振り返りの時間に授業見学した教員からのコメントをもらうことができないかもしれません。振り返りの時間に授業見学をした教員がいないことがわかっている場合は，実習を始める前に授業後にコメントがほしいこといつどうやってコメントがもらえるのか依頼しておきましょう。また，授業見学をした教員に授業直後に見学のお礼を伝えましょう。

★(90)毎回の授業の振り返りをしましょう

　（☞「模擬授業の振り返り」については，11章「(81)「1人模擬授業」の振り返りと指導案・教材の修正」(89ページ)を見てください。)振り返りの内容はワークシート29に書きましょう。

★(91)他の実習生の授業の振り返りをしましょう

　指導教員によって，他の実習生が授業をする時に，教室の後ろで授業見学ができることがあります。自分の担当する授業以外にも，他の実習生が担当している授業を見学することによって学習者を知ることができ，自分の授業に活かすことができるアイデアなどが見つかるかもしれません。ぜひ，授業見学をして，他の実習生からも多くのことを学びましょう。

　授業見学ができる場合は，事前に実習をする実習生に授業見学をしたいことを伝えておきましょう。また，授業が終わった後にお礼を伝え，気になった点やわかりやすかった点，模擬授業の時と比較してよかった点など伝えましょう。

★(92)実習全体の振り返りをしましょう

別冊

授業が終了したら下のワークシートを使って振り返りをしましょう。

> 振り返りのチェック項目

ワークシート28　振り返りのチェック項目

●時間配分
1. 時間配分は指導案の通りでしたか。
2. 授業の流れは指導案の通りでしたか。
3. 学習者に質問するタイミングは,前後の流れに沿ってスムーズにできましたか。

●語彙・文法のコントロール
4. 学習者への質問は,既習語彙と既習文法だけを使って言いましたか。まだ学習者が勉強していない語彙や文法を使ってしまいましたか。
5. 勉強している語彙(既習語彙)や文法(既習文法)を使って学習者が自分のことを話せる質問をしていますか。

●ティーチャートークのコントロール
6. 自分(先生役)は話しすぎていませんか。
7. 自分(先生役)の話すスピードは学習者にとって速すぎたり遅すぎたりしませんか。

●授業の流れは適切でしたか
8. ウォームアップができましたか。
9. Can do(授業の目標)を学習者に考えさせられましたか。
10. インプットは適切でしたか。
11. 発音に慣れるためのアウトプット練習は適切でしたか。
12. 自然な場面でのアウトプット・定着のためのアウトプットは適切でしたか。

●教室環境の管理
13. 教卓は,整理できていましたか。次に使う教材が取りやすい位置にありましたか。
14. 先生の靴は音が鳴らないものでしたか。
15. 机と椅子は,学習者どうしが練習しやすい位置に配置できましたか。

●教具・教材
16. パワーポイントや教材を提示するタイミングは,前後の流れに沿ってスムーズにできましたか。

17 パワーポイントや教材の提示(ていじ)の位置はクラスの学習者全員に見やすい位置でしたか。

18 パワーポイントや教材は学習者からよく見えましたか。小さすぎて見えないことがありませんか。

19 音声は教室のどこから出ますか。聞こえにくい場所はなかったですか。

●板書

20 板書は整理されて,見やすかったですか。赤のチョークは学習者が見にくいことがあります。一番後ろの席から見て色・字が小さすぎませんでしたか。

●クラスコントロール

21 様々な学習者(例 授業(じゅぎょう)に集中できない学習者や質問(しつもん)をしてくる学習者など)に柔軟(じゅうなん)に対応(たいおう)できましたか。

22 適切(てきせつ)な時にクラス全体を見渡(みわた)すことができましたか。

●学習者とのインターアクション

23 学習者とのインターアクションは適切(てきせつ)な回数確保(かくほ)できましたか。少なすぎませんでしたか。「はい」としか答えられない学習者を適切(てきせつ)に導(みちび)くことができましたか。

24 学習者とのインターアクションはスムーズでしたか。テンポよくできましたか。

25 教員の立つ位置は,教卓(きょうたく)のところだけでしたか。学習者に必要な場合に近寄(ちか よ)ることができましたか。

26 学習者に笑顔(えがお)で接(せっ)したり,ほめたりすることができましたか。適切(てきせつ)なアイコンタクトはできましたか。

ワークシート29 ダイアリ

別冊・オンラインPDFを使って,ダイアリを書きましょう。(☞例は62ページにあります。)

★(93)日本語教員としての目標・ビリーフ(4)授業実践(じゅぎょうじっせん)(実習)を終えた後の変化

授業実践(じゅぎょうじっせん),実習が終わったら,次のワークシートに記入して目標・ビリーフの変化を記録しましょう。

| ワークシート30 | 日本語教員としての目標・ビリーフ（4）授業実践（実習）を終えた後の変化 |

授業実践（実習）を終えてみて，自分が日本語教員として授業をするときのビリーフ・目標は変化しましたか。1章で初めに書いたワークシート2（8ページ）をみて，現在のビリーフ・目標を書いてください。どう変化しましたか。

質問1　次に自分が授業実践（実習）をする時に大切にしようと思うこと（ビリーフ）は何ですか。

質問2　授業の実践（実習）の目標は何ですか。

質問3　一連の授業実践（実習）を終えた時，どんな日本語教員になっていたいですか。

この章には「5. もっと詳しい情報を得るために読むべきリソース」はありません。

動画一覧

- 動画1　日本の学校教育の授業と日本語の授業の違い
- 動画2　直接法の授業の体験（タイ語でタイ語の授業）
- 動画3　ウォームアップと出席管理
- 動画4　復習としての語彙チェック
- 動画5　目標・Can doの提示
- 動画6　自発的発話を誘発するインターアクション
- 動画7　文法のインプット
- 動画8　練習のバリエーション
- 動画9　インフォメーションギャップのある活動
- 動画10　ロールプレイを使ったアウトプットの練習
- 動画11　授業中の学習者への対応の仕方
- 動画12　ティーチャートーク
- 動画13　実習記録

あとがき

　この本の著者　中西は1999年以降2024年現在まで約25年間にわたり，大学機関の日本語教員養成プログラムの日本語教授法講座や日本語教育実習を担当し，慶應義塾大学国際センター，京都外国語大学留学生別科などの日本語授業を使った教壇実習の指導をおこなってきました。その成果は下記の業績に著したとおりです。

中西久実子(2008)「日本語教育実習生のダイアリにおけるインプットとアウトプットの再構築」『無差』15, pp.33-45, 京都外国語大学日本語学科.

中西久実子(2010)「日本語教育実習におけるWEBダイアリの有効性」『無差』17, pp.77-100, 京都外国語大学日本語学科.

由井紀久子・中西久実子・中俣尚己(2010)「実習生の日本語教育能力を高めるためのダイアリ活動―紙媒体からSNSへ―」『ヨーロッパ日本語教育』14, pp.100-107, ドイツ日本語教師会.

中西久実子・村上正行・上田早苗(2011)「SNSを活用した日本語教育実習生と日本語学習者の協働学習―SNS上での交流を活発にする要因とは―」「ネットワークコミュニティにおける学習・教育支援」特集教育システム情報学会論文特集・解説特集, 28巻1号, pp.61-70, 教育システム情報学会.

中俣尚己・中西久実子・由井紀久子(2011)「日本語教員養成におけるWEBダイアリの可能性―国内での実践と海外での実践―」『無差』18, pp.69-92, 京都外国語大学日本語学科.

上田早苗・中西久実子(2013)「ウェブを活用した香港の日本語学習者と日本の日本語 教育実習生の協働学習―「雑談」の効果―」『日本学刊』第16号, pp.145-164, 香港日本語教育研究会.

中西久実子(2019)「日本語教員養成課程の日本語教壇実習と外国人企業研修生の日本語学習―日本語教員志望の実習生のメリットと学外から通う日本語学習者のメリット―」『国際言語文化』5号, pp.15-32, 国際言語文化学会.

中西久実子(2019)「日本語教壇実習を海外の協定大学と連携して実施する意義と日本語e-learning教材の活用」『モスクワ市立教育大学カンファレンス国際学術学会論文集「教育現場における日本語」』pp.125-129

共著者　井元さんは国際交流基金(JENESYS若手日本語教師(タイ))、国際交流基金EPA日本語講師(フィリピン、インドネシア)、国際交流基金日本語専門家(ニューデリー、日本語教員養成講座・実習担当)として主に非日本語母語話者の日本語教員養成に携わった経験を持っています。著者2人はこれらの経験をもとにこの本を作り、日本語学校など教育機関でおこなわれるクラス授業の教育実習を想定した実習のおこないかたを示しました。日本語教員をめざす方のお役に立てれば幸いです。

　この本で示した実習は、出版から何年か経過した後には古いものになるかもしれません。なぜなら、学習者が多様化していく中で、日本語教員だけでなく、コーディネーターなども含めた日本語教育人材はさらに多様化し、多様な日本語教員養成が考えられるようになっていくと思うからです。しかし、この本を出発点として多様な実習のあり方が議論されていくことを願い、敢えて2024年にこの本を出版することにしました。

　この本の企画は『場面とコミュニケーションでわかる日本語文法ハンドブック』(ひつじ書房)の出版後にひつじ書房の松本功氏にご提案いただきましたが、しばらく私の家庭の事情で断念していました。しかし、2023年の12月にある学会で松本氏にお話させていただいた折、このような本が必要になっていくことを再確認できました。私のわがままな企画をお認めいただき、出版させていただけたことに感謝しています。

　この本は、完成までにさまざまな方にご協力いただきました。ひつじ書房の海老澤絵莉さんには、著者の編集に関わる要望を細やかにくみとってくださり、ご対応いただきました。そして、坂口昌子さん、大谷つかささん、目黒裕将さんには、日本語教員養成のご経験を活かして貴重なご意見・ご助言をいただきました。また、動画の撮影にご協力いただいた李迅さん、イラストを描いてくださった南由希子さんにもお礼申し上げます。京都外国語大学をはじめ日本語教員養成に関わる多くの方々にご支援いただきましたことに心より感謝申し上げます。

2024年10月
中西久実子

著者紹介

中西久実子(なかにしくみこ) | 京都外国語大学外国語学部日本語学科教授

大阪大学大学院文学研究科日本語教育学講座博士後期課程単位取得満期退学。博士(学術・大阪府立大学)。慶應義塾大学国際センター専任講師を経て現職。

● 主要著書

『現代日本語のとりたて助詞と習得』ひつじ書房, 2012.
『使える日本語文法ガイドブック―やさしい日本語で教室と文法をつなぐ』ひつじ書房, 2020.
『場面とコミュニケーションでわかる日本語文法ハンドブック』ひつじ書房, 2021.
『初級を教える人のための日本語文法ハンドブック』スリーエーネットワーク, 2000.
『みんなの日本語 中級Ⅰ・Ⅱ』スリーエーネットワーク, 2008, 2012.

● 主要論文

「「~(し)たいですか?」に代表される願望伺いについて―オーストラリア英語母語話者と日本語母語話者の接触場面での問題―」『日本語教育』91, pp.13-24, 日本語教育学会, 1996.
「「名詞+だけだ」が不自然になる原因―「弟は10歳だけだ」はなぜ不自然なのか―」『日本語教育』159, pp.17-29, 日本語教育学会, 2014.

井元麻美(いもとまみ) | 立命館大学国際教育推進機構日本語科目担当嘱託講師

京都外国語大学大学院外国語学研究科博士前期課程実践言語教育コース(日本語教育)修了。修士(言語文化学)。国際交流基金(JENESYS若手日本語教師(タイ), 国際交流基金EPA日本語講師(フィリピン, インドネシア), 国際交流基金日本語専門家(ニューデリー, 日本語教員養成講座・実習担当), スアングラーブウィタヤライ ノンタブリー学校(タイ), 大阪観光大学, 京都外国語大学非常勤講師などを経て現職。

● 主要論文

「日本語教育実習の実践共同体の外に存在する支援者の重要性―非母語話者実習生の能動的な行動―」15号, pp.85-100, 日本語／日本語教育研究会, 2024.
「中国語を母語とする日本語学習者が日本語教師になるまでのキャリア形成に影響を及ぼす要因―ライフストーリーからわかる日本語教育実習の重要性―」『2021年度日本語教育学会春季大会予稿集』(pp.260-265)日本語教育学会, 2021.

○各章の執筆担当

中西　1章, 2章, 3章, 4章, 5章, 6章, 9章, 10章
井元　7章, 8章, 11章, 12章

　ただし, すべての章の「1. この章で何ができるようになりますか」「3. 読んで考えましょう」「4. 自分の場合はどうなるか書いてみましょう」「5. もっと詳しい情報を得るために読むべきリソース」は中西が主に執筆し,「2. 見てみましょう」は主に井元が執筆しました。

動画でわかる日本語教育実習ガイドブック
実習生から新任日本語教員まで使える実践研修のてびき
Teaching the Teachers: The Perfect Training Video Guide to Teach Japanese
Edited by NAKANISHI Kumiko

発行日	2024年12月6日 第1版 第1刷

定価	2200円＋税
編者	中西久実子
著者	©中西久実子・井元麻美
発行者	松本功
装丁者	杉枝友香（asahi edigraphy）
本文組版者	株式会社 アサヒ・エディグラフィ
印刷・製本所	株式会社 シナノ
発行所	株式会社 ひつじ書房

〒112-0011 東京都文京区千石2-1-2 大和ビル2F
Tel. 03-5319-4916　Fax. 03-5319-4917
郵便振替 00120-8-142852

◆ご意見、ご感想など、弊社までお寄せください。
toiawase@hituzi.co.jp
https://www.hituzi.co.jp/

ISBN978-4-8234-1262-2 C1081

動画でわかる日本語教育実習ガイドブック
実習生から新任日本語教員まで使える実践研修のてびき

別冊
・・・・・・・・・・・・・・・・・・・・・・・・・・・・・・・

実習生
書き込み用シート

名前 _____

1章　日本の学校教育の授業とどう違いますか？
―教育方法・目標についての教員としてのビリーフ

2. 見てみましょう

2-1　違いは何ですか

動画を見て下の質問に答えてください。

▶ 動画1

> 動画1-Aと動画1-Bの違いは何ですか。日本語の授業は，日本の一般的な学校教育の授業とはどう違いますか。

4. 自分の場合はどうなるか書いてみましょう

ワークシート1　これまでの授業とこれからの授業の比較

	これまで準備してきた 日本語の授業	これから実習する 日本語の授業
指導教員名		
教科書名		
授業の形態 （右のA～Cに○をつける）	A) 総合日本語の授業 B) 話す（口頭表現能力），聞く（聴解能力），読む（読解能力），書く（作文能力）など4技能を分野別で指導する授業 C) その他	A) 総合日本語の授業 B) 話す（口頭表現能力），聞く（聴解能力），読む（読解能力），書く（作文能力）など4技能を分野別で指導する授業 C) その他
授業の大まかな構成 （右のA～Cに○をつける）	A) 復習をして文法の導入をして練習をする授業 B) 授業のCan do目標を初めに提示し，場面でできることを考えてから話す練習をしていく授業 C) その他	A) 復習をして文法の導入をして練習をする授業 B) 授業のCan do目標を初めに提示し，場面でできることを考えてから話す練習をしていく授業 C) その他

ワークシート2　日本語教員としての目標・ビリーフ（1）まず可視化しましょう

自分が日本語教員として授業をするときの目標のビリーフを可視化しましょう。下の質問に答えてください。

質問1　自分が授業をするときに大切にしようと思うこと（ビリーフ）は何ですか。12章（☞97〜98ページ）のワークシート28「振り返りのチェック項目」を見て，今の自分に不足しているものがどれか，どれを大切にしたいか選んでください。指導教員や他の実習生と話してビリーフに違いがあるか確認しておきましょう。ビリーフは人によって違うことを把握していないと，実習をする過程で戸惑ったり落ち込んだりすることがありますので注意しましょう。

質問2　授業の実践（実習）の目標は何ですか。

質問3　ある一連の授業実践（実習）を終えた時，どんな日本語教員になっていたいですか。

2章　教授法
―どんな教え方をしますか?―

2. 見てみましょう
2-1　違いは何ですか

　日本語教育では，学習者の目標言語(ターゲット言語)は日本語です。日本語母語話者は，日本語を外国語としてとらえにくいので，動画2では，タイ語でタイ語を教えている授業(直接法)を見ます。外国語だけで外国語を勉強する直接法の授業を体験してください。

　動画を見て下の質問に答えてください。

▶️動画2

> 動画2-Aと動画2-Bの違いは何ですか。
> 直接法の動画はどちらですか。

4. 自分の場合はどうなるか書いてみましょう

　自分が実践する授業の教授法や教材などをワークシート3に書きましょう。

ワークシート3　自分の授業で使う教授法や教材

自分の授業の情報
・自分の授業では　　媒介語を使う・使わない　　(どちらかに○をつけてください)

媒介語を使う場合は，どんな時に使いますか。
説明や指示の言語として媒介語を使いますか。

- 教科書は何ですか。

- 教科書以外の副教材はどのようなものを使用しますか。

- 教材や絵はどのようなものを使用しますか。

3章　授業実践で大切なこと
　　　—どんな場面の Can do で授業をするか示す—

2．見てみましょう

★日本語の授業実践で第1に大切なことは，具体的にあるコミュニケーションがどんな場面のコミュニケーションでできるようになるかを提示することです。普通は，日本語教育の参照枠・CEFRのCan do statements「Can do」が授業の目標として示されます。「Can do」とは「言語の熟達の，ある段階でできる言語活動や持っている言語能力の例を「〜できる」という形式で示した文」のことで，この本では以下で単に「Can do」とだけ記すことがあります。では，たとえば，可能表現を知っていれば，学習者はどんな場面で何ができるようになるでしょうか。この章の最後（☞31ページ）にある参考文献で調べて下の枠の中に書いてください。（☞例　『場面とコミュニケーションでわかる日本語文法ハンドブック』（ひつじ書房）のpp.150−151には，可能表現を知っていればどんな場面で何ができるようになるかが書いてあります。）

　　授業実践で第2に大切なことは，学習者がリピートや機械的な発話でなく，自分の力だけで自発的にアウトプットできるようにする機会を学習者に与えることです。
　次に示すのは，典型的な日本語のクラス授業の大まかな構成の例を示したものです。上で示した第1に大切なことは，C「目標・Can do（どんな場面で何ができるようになるか）の提示」で組み込まれています。

- A　ウォームアップと出席管理
- B　復習としての語彙チェック
- C　目標・Can do（どんな場面で何ができるようになるか）の提示
- D　文法・モデル会話のインプット
- E　発音に慣れるためのアウトプット・定着のためのアウトプット
- F　自然な場面の会話のための骨組みシートでのアウトプット
- G　自然な場面でのロールプレイ，インフォメーションギャップ，課題解決型の授業のアウトプット

2－1　違いは何ですか

動画を見て下の質問に答えてください。

▶ 動画 3

動画 3 － A と動画 3 － B の違いは何ですか。

▶ 動画 4

動画 4 － A と動画 4 － B の違いは何ですか。

▶ 動画 5

動画 5 − A と動画 5 − B の違いは何ですか。

▶ 動画 6

動画 6 − A と動画 6 − B の違いは何ですか。

▶ 動画 7

動画 7 − A，動画 7 − B，動画 7 − C の違いは何ですか。

4．自分の場合はどうなるか書いてみましょう

自分の授業の大まかな流れを書きましょう。そして，そのアイデアを指導教員や他の実習生と共有して議論しましょう。

★(21)指導案をヴァージョンアップしましょう

ワークシート6　指導案（大まかなメモ）

まず，授業の目標を見て，どのような授業の構成にしたいか，大まかな流れを書き出しましょう。

授業の目標

時　間	何をするか
ウォームアップ	
導入	
展開1	
展開2	
クロージング	

★(22)下の絵を使ってインフォメーションギャップのシートを作ってみましょう

(☞答えの例は4章(37ページ)の(31)にあります。)

| ワークシート7 | インフォメーションギャップのシート |

4章　授業で使えるテクニック

2．見てみましょう

2−1　違いは何ですか

動画を見て下の質問に答えてください。

▶ 動画8

動画8−Aから動画8−Gの違いは何ですか。

下の左と右を線でつないでください。答えは37ページにあります。

動画8－A ●	● ア. 応答ドリル(Response Drill)
動画8－B ●	● イ. 完成(作文)ドリル(Completion Drill)
動画8－C ●	● ウ. 代入ドリル(Substitution Drill)
動画8－D ●	● エ. リピート練習(Repetition Drill)
動画8－E ●	● オ. 変形(変換)ドリル(Transformation Drill)
動画8－F ●	● カ. 拡大(拡張)ドリル(Expansion Drill)
動画8－G ●	● キ. 結合ドリル(Combining Drill)

▶ 動画9

動画9－Aと動画9－Bの違いは何ですか。日常生活の本当のコミュニケーションに近い練習はどちらですか。

別冊 11

5章　教科書とカリキュラム
―どんな教科書でどう教えますか?―

2．見てみましょう
2-1　違いは何ですか

> ★様々な教科書
> 　身近にある教科書で自動詞・他動詞がどう扱われているか調べて下の枠の中に書いてください。たとえば，『場面とコミュニケーションでわかる日本語文法ハンドブック』Chapter14，304ページには自動詞・他動詞が下記のような教科書でどう扱われているかが書いてあります。

『みんなの日本語』と『げんき』の自動詞・他動詞

『まるごと』の自動詞・他動詞

★教科書A・教科書B・教科書C・教科書D

下に示すのは教科書ＡＢＣＤの目次です。教科書でどのような指示がなされているか，主な内容が示されています。それぞれの教科書の違いは何ですか。

教科書A

1．奨学金を先生にお願いするメールを書きましょう
2．パーティの案内メールを書きましょう
3．お世話になったマンションの管理人さんにお礼の手紙を書きましょう

教科書B

1．ホテルを予約する電話をかけて話しましょう
2．病院の受付で予約の変更について話してみましょう
3．レストランをキャンセルする電話をかけて話しましょう

教科書C

1．ニュースを聞いて何があったかメモに書きましょう
2．駅のアナウンスを聞いて何があったか聞いてメモに書きましょう
3．学校の事務室で何を言われているか聞いてメモに書きましょう

教科書D

1．新聞を読んでみましょう
2．小説を読んでみましょう
3．評論の文章を読んでみましょう
4．エッセイを読んでみましょう
5．メールの文章を読んでみましょう
6．説明文を読んでみましょう

★教科書E・教科書F
下に示すのは教科書ＥＦにある典型的な例文です。教科書Ｅと教科書Ｆの違いは何ですか。

教科書E

1．「なにがはなせますか。」＜にほんご＞

　　「にほんごがはなせます。」(→スペインご, えいご)

2．「なにがつくれますか。」＜ラーメン＞

　　「ラーメンがつくれます。」(→ケーキ, カレー)

3．「たべられないものがありますか。」＜なっとう＞

　　「なっとうがたべられません。」(→さかな, からいもの, つけもの)

教科書F

社長　　「私たちは新しいレストランを作ります。オープンの日にイベントをしますので, 今からアルバイトの人を決めるための面接をします。」

社長　　「Aさんは何ができますか。」

Aさん　「私はコンピュータがつかえます。」

社長　　「Bさんは何ができますか。」

Bさん　「私は中国語がはなせます。」

質問　　アルバイトの人はどの人がいいですか。なぜですか。

★ **スケジュールG・スケジュールH**
　下に示すスケジュールG，スケジュールHは，ある日本語のクラスのスケジュールです。違いは何ですか。

スケジュールG

1日目	5/12月曜日	「てください」の意味と使い方の説明・インプット，新しい語彙
2日目	5/13火曜日	「てください」を使う練習
3日目	5/14水曜日	「てください」の会話のインプット
4日目	5/15木曜日	「てください」の会話の練習
5日目	5/16金曜日	まとめのテスト

スケジュールH

1日目	5/12月曜日	「お土産を買いましょう」の目標→Can doの発見，新しい語彙
2日目	5/13火曜日	「お土産を買いましょう」の会話練習→ルールの発見
3日目	5/14水曜日	「お土産を買いましょう」の応用会話
4日目	5/15木曜日	「お土産を買いましょう」他の場面での買い物の表現
5日目	5/16金曜日	まとめのテスト

4．自分の場合はどうなるか書いてみましょう

授業で担当する教科書の情報を調べて下のワークシートに書きましょう。

★(36) 授業をする教科書の情報を集めましょう

ワークシート8　自分が授業をする教科書の情報

1．自分が授業で担当する教科書

　　教科書名（　　　　　　　　　　）

　　自分が授業を担当するページ（　　　　）ページ～（　　　　）ページ

　　その教科書にはどんな例文がありますか。

2．自分が授業を担当するクラスは，どんなスケジュールになっていますか。

3．自分が授業をするクラスの規則なども調べましょう。
　　　例
　　　　遅刻して教室に入ってきた学習者にどう対応するか

6章　クラスコントロールのためのテクニック

2. 見てみましょう

2−1　違いは何ですか

動画を見て下の質問に答えてください。

▶️ 動画11

> 動画11−A，動画11−B，動画11−C，動画11−Dの違いは何ですか。教員は何と言って学習者にヒントを出しているのかに注目しましょう。

7章　授業見学

―見学で何を見ればいいですか?―

2. 見てみましょう

2−1　違いは何ですか

動画を見て下の質問に答えてください。

▶️ 動画12

> 動画12−Aと動画12−Bの違いは何ですか。

★(48) 授業見学で見るポイント

授業見学で見るべきポイントは下の通りです。

【教室に入る前】
1. 教員はどのような準備をしていますか。
2. 教員は授業に何を持っていきますか。
3. 教員は他の教員と何を話していますか。
4. 教員は教室に授業が始まる何分前からいますか。

【授業前(授業が始まるまで)】
5. 教室の機器や机などの配置はどのようになっていますか。
6. 授業が始まる前,教員は学習者とどのようなコミュニケーションを取っていますか。
7. 授業開始前に教員はどのような準備をしていますか。

【授業中】
8. 授業の内容をそれぞれ何分ずつおこなっていますか。(例: 9:00－9:02 出席, 9:03－9:13小テスト実施など)
9. 教員はどのように出席を取っていますか。
10. 教員は小テストをする時,どのようにしていますか。／小テストをどのように回収していますか。
11. 教員は小テストのフィードバックをどのようにしていますか。
12. 教員は学習者にどのように授業のCan do・目標を提示していますか。
13. 教員は学習者にどんな質問をしていますか。また,どのような語彙・文法を選んで使っていますか。
14. 教員の話すスピードはどうですか。スピードはいつも同じですか。ゆっくりになるのはどんなときですか。
15. 教員は学習者がわからない時,どのような質問をしますか。
16. 教員の表情はどうですか。どうやってほめていますか。アイコンタクトはどうしていますか。
17. 話すのが遅い学習者はいますか。
18. 学習者はどのような内容に興味を持って教員の話を聞いていますか。
19. 教員は何を板書していますか。どのように板書の配置や色の使い分けに関して,どのような工夫が見られましたか。
20. 教科書以外の教材は配布されましたか。それは教科書とどう関連していて,何を目的にしたものでしたか。

21. 教員が作った教材にある説明文にはルビがありますか。どのような語彙・文法を選んで使っていますか。
22. 教員はどんな練習をいつ使用していますか。授業の前半と後半ではどのような練習が配置されていましたか。なぜですか。
23. 授業が終わるまでの流れはどうでしたか。何をどのような順番でしていますか。

【授業後】
24. 授業後に教室で教員は何をしていますか。
25. 授業後に教室で教員は学習者とどのような話をしていますか。

【授業見学の振り返り】
26. 授業見学をした教員のしていたことで自分の授業に部分的にでも使ってみたいと思ったことは何ですか。
27. 自分だったらこうすると思ったところは何ですか。

★(49)見学の後に報告シートを提出しましょう

　授業見学をした後に下のワークシート9「見学の総まとめ」を書き, その後で「見学報告シート」(別冊・オンラインPDFのワークシート10)を書いて指導教員に提出しましょう。ワークシート11「日本語教員としての目標・ビリーフ(2)授業見学の後の変化」も記録しましょう。

ワークシート9　見学の総まとめ(この教員のここを真似したい)

　見学をいくつかした後, この教員の授業のここを真似したいというポイントを整理してください。

(　　　　　　) 先生の授業	(　　　　　　　　　　　　)
(　　　　　　) 先生の授業	(　　　　　　　　　　　　)
(　　　　　　) 先生の授業	(　　　　　　　　　　　　)

ワークシート10　見学報告シート

☞別冊の最後のページに見本があります。

ワークシート11　日本語教員としての目標・ビリーフ(2)授業見学の後の変化

質問1　自分が授業をするときに大切にしようと思うこと(ビリーフ)は何ですか。12章(97～98ページ)のワークシート28「振り返りのチェック項目」を見て, 今の自分に不足しているものがどれか, どれを大切にしたいかリストから選んでください。

質問2　授業の実践(実習)の目標は何ですか。

質問3　ある一連の授業実践(実習)を終えた時, どんな日本語教員になっていたいですか。

8章　授業実践の記録と共有の方法
―ダイアリとポートフォリオ―

2. 見てみましょう
2－1　違いは何ですか

動画を見て下の質問に答えてください。

▶️動画13

> 動画13－Aと動画13－Bの違いは何ですか。

9章 授業実践に必要なビジネスマナー・心構え

ワークシート12 実習のスケジュール

自分の実習ではいつごろまでに何をするか整理しましょう。

自分の実習の予定							
自分の学校の指導教員 （				）	先生		
実習校の受け入れ担当教員 （				）	先生		
事務手続きの開始	月	日（ ）	～	年	月	日（ ）	
事前学習の開始	月	日（ ）	～	年	月	日（ ）	
1回目の実習	月	日（ ）	～	年	月	日（ ）	
振り返り	月	日（ ）	～	年	月	日（ ）	
事前学習の開始	月	日（ ）	～	年	月	日（ ）	
2回目の実習	月	日（ ）	～	年	月	日（ ）	
振り返り	月	日（ ）	～	年	月	日（ ）	

4. 自分の場合はどうなるか書いてみましょう

● (60) 実習のために他の授業の欠席をする連絡をしましょう

ワークシート13 実習などで大学での授業などを欠席する連絡メール

● (61) 実習校の担当教員に挨拶

ワークシート14 実習校の担当教員への挨拶メール

●(62) 学校の概要を調べましょう
ワークシート15　実習校の情報

自分が実習をする学校の名前（　　　　　　　　　　）

学校の沿革を読んで覚えておくべきことは何ですか。

学校組織を見て覚えておくべきことは何ですか。

教育目標・学校が指導上で重視していることは何ですか。

自分が事前学習・実習をする前後の学校の行事予定を見ておきましょう。
定期試験などの情報・学年暦

日本語の授業にはどんなクラスがあり，どんな学習者がいますか。

●(63) 授業を実践するクラスの情報を集めましょう
ワークシート16　自分が授業をするクラスの情報

学習者の人数・母語・日本語能力

（　　　）語母語話者（　　　　　）人

（　　　）語母語話者（　　　　　）人

Ｎ４〜５程度／Ａ１〜Ａ２程度（　　　　）人

Ｎ３程度／Ａ２〜Ｂ１程度（　　　　　）人

Ｎ１〜２程度／Ｂ１〜Ｂ２程度（　　　　）人

```
学習者の主な学習目的・進路
  大学・大学院進学目的(     )人
  就労目的(     )人   その他(     )人

  クラスを担当する日本語教員(     )人

  授業後の連絡方法と連絡すべき内容
```

10章　指導案を作成してみましょう

4．自分の場合はどうなるか書いてみましょう
★(64)自分が担当する授業の内容を整理しましょう

ワークシート17　指導案の具体化

　3章(28ページ)のワークシート6，5章の(45ページ)ワークシート8を見直して指導案を具体化させるための情報を整理しましょう。

```
自分の授業の目標・自分の授業ですること



自分の授業で新たにインプットすること




自分の授業が終わった時，学習者は何ができるようになっていますか。
```

★(65)自分が担当する授業とその前後の授業について整理しましょう

下のワークシート18の空欄を埋めて，自分の授業の指導案をどう作成していくか考えましょう。

ワークシート18　自分の授業とその前後の授業

自分が担当する授業

学習者の人数(　　　　)人

学習者の母語(　　　　)語, (　　　　　　)語

学習者の学習目的(進学・交換留学・就職・その他(　　　　　　　　))

自分の授業で新たにインプットする語彙・表現

前の2課の授業でインプットされた語彙・文法

後の授業で何をするか調べましょう

自分の授業でインプットする内容と既習語彙や既習文法の組み合わせ例

★(66)自分が担当する授業でインプットする内容(文法, 会話など)

ワークシート19 日本語母語話者は自分が担当する内容(文法, 会話など)をどう使っているか

「のだ」を母語話者がどのように使っているかこの章の最後にある参考文献(☞『場面とコミュニケーションでわかる日本語文法ハンドブック』『日本語教育のための文法コロケーションハンドブック』)などで調べて下に書いてください。または,「NINJAL-LWP for TWC(NLT)」,「現代日本語書き言葉均衡コーパス(BCCWJ)」などのコーパスで検索してください。

母語話者は「のだ」をどう使っていますか。
例)☞『場面とコミュニケーションでわかる日本語文法ハンドブック』のp.405「母語話者の使い方を見てみましょう」には母語話者がどう使うかが書かれています。

母語話者がよく使うコロケーションで指導案に取り入れられそうなものがありましたか。たとえば, 母語話者がその内容(文法, 会話など)と一緒によく使う動詞や名詞, 定型表現などあれば, メモしておきましょう。

★(67) 自分が担当する授業の内容は，他の教科書ではどう扱われているか

ワークシート20 自分の授業内容は他の教科書ではどうか

どのような場面でインプットされていますか。

どのような例文が使われていますか。

自分の指導案に利用できそうな場面や例文があればメモしましょう。

★(68) 担当する授業の内容(文法，会話，読解内容など)について情報を集めましょう。

ワークシート21 自分の授業内容は文法の解説書ではどう説明されているか

　自分の担当する授業の内容は，文法の解説書ではどう説明されているかこの章の最後の参考文献で調べて整理してみましょう。そして，自分の指導案に活かせる結果があったかクラスの仲間とシェアして議論しましょう。

自分の授業で使えそうな解説をメモしておきましょう。

上の解説を自分の授業で使う時、どのような「やさしい日本語」に変えるか、書いてみましょう。既習語彙と既習文法だけで説明できますか。

★(69) どんな練習をして定着がはかれるか考えましょう

インターネットの動画サイト（YouTubeなど）には様々な日本語教育の練習の動画があるので、YouTube動画を見て、自分が使いたい練習を考えましょう。そして、使えそうな練習のキーワードをメモしてください。自分の指導案に活かせる結果があったか他の実習生と共有して議論しましょう。

自分が担当するクラスの到達目標,自分が担当する授業の目標・Can doを整理して定着のための練習を考えましょう。

ワークシート22　**定着のための練習**

自分が担当するクラスの到達目標は何ですか。

自分が担当する授業の目標・Can doは何ですか。

自分が担当する授業の内容はインターネットなどでどのように扱われていますか。

3章,4章をもう一度読んで,どんな練習でアウトプットさせれば,定着に導けるか考えてみましょう。

★(71)危機管理の準備をしましょう

ワークシート23　危機管理メモ

1. 時間が余ったら何をしますか。

2. 時間が足りない時どれを省略できますか。

3. 遅刻者・欠席者がいたらテストや活動はどうしますか。

4. トイレに行きたいという学習者や，教科書を忘れた学習者がいたらどうしますか。

★(73) 指導案をヴァージョンアップして完成させましょう

ワークシート24　指導案のヴァージョンアップ

時　間	何をするか	用意する教材・教具
ウォーム アップ		
導入		
展開１		
展開２		
クロージング		

★(74) 必要に応じて詳細な指導案（セリフ入り）を用意しましょう

ワークシート25 詳細な指導案（セリフ入り）

自分が担当する授業の目標・Can do

	時間	教員の言動	学習者の言動	用意する 教材・教具	予定の 板書・ppt
ウォーム アップ					
導入					
展開1					
展開2					
クロージング					

11章　模擬授業をしてみましょう

4．自分の場合はどうなるか書いてみましょう
★(77)教室環境を確認しましょう

　自分の授業をする教室の環境を確認しましょう。

教室環境を見るポイント

【教室全体の確認】
- A) 教室の機器や机などの配置はどのようになっていますか。
- B) 教室の様々な位置から，黒板やモニターなどがはっきり見えるのか，どのように見えますか。
- C) 学習者が使う机と椅子はいくつありますか。長机ですか。個別の机ですか。椅子は動かせますか。動かせない長椅子ですか。グループワークやペアワークをする時，机や椅子は動かせますか。
- D) 机間巡視できる広さがありますか。
- E) 床の素材はどのようなものですが，靴の音が鳴りやすいですか，鳴りにくいですか。
- F) 壁掛け時計はありますか。壁掛け時計がある場合，どこにありますか。

【ホワイトボード，黒板の確認】
- G) ホワイトボードですか，黒板ですか。
- H) ペンやチョークはありますか。色はいくつありますか。ペンはインクが乾いて使えなくなっていませんか。ペンが使えない場合，どこかで借りますか，自分で買いますか。
- I) 板書できる広さはどのぐらいありますか。

【機材の確認】
- J) コンピュータやスクリーン，モニターなどはありますか。授業の前に誰もいない教室に行って使い方を練習できますか。
- K) どうやってパワーポイントを提示したり，音声を出したりしますか。機材の操作手順を確認するための教室の予約ができますか。
- L) パワーポイントを映すのは，スクリーンですか，テレビですか，ホワイトボードですか。
- M) パワーポイントの文字のポイントはどのぐらいの大きさが見やすいですか。

N) 教材の音は教室のどこから出ますか。

【教卓の確認】
O) 教卓は広いですか，狭いですか。
P) 教卓に何が置いてありますか。

ワークシート26　自分の授業の大まかな流れを暗記

10章の(74)ワークシート25「詳細な指導案(セリフ入り)」で完成に近づいた指導案の大まかな流れを時刻と一緒に箇条書きでメモしてください。実習の時は，箇条書きを暗記して何も見ないで授業ができるようにしましょう。

★(86)目標の再設定

ワークシート27　日本語教員としての目標・ビリーフ(3)模擬授業の後の変化

1章(8ページ)ワークシート2で書いたビリーフ・目標を見て，下の質問に答えてください。

質問1　自分が授業をするときに大切にしようと思うこと(ビリーフ)は何ですか。12章(97〜98ページ)のワークシート28「振り返りのチェック項目」を見て，今の自分に不足しているものがどれか，どれを大切にしたいかを考えて1.から26.から選んでください。指導教員や他の実習生と話してビリーフに違いがあるか確認しておきましょう。ビリーフは人によって違うことを把握していないと，実習をする過程で戸惑ったり落ち込んだりすることがありますので注意しましょう。

質問2　授業の実践(実習)の目標は何ですか。

質問3　ある一連の授業実践(実習)を終えた時，どんな日本語教員になっていたいですか。

12章　授業実践(教壇実習)の当日のこと・授業後の振り返り

4. 自分の場合はどうなるか書いてみましょう
★(88)授業の当日の確認

　実習当日は緊張して何を準備しなければならないのか忘れる可能性もあります。事前に確認する項目を作成し，準備しておきます。以下は，事前に確認する項目の例です。

授業実践の当日のために事前に確認する項目

【教室環境】
1　スクリーンやパソコンなどの機材の準備ができましたか。
2　音声は教室のどこから出ますか。聞こえにくい場所はないですか。
3　チョークやペンがありますか。
4　スクリーンやテレビなど学習者が見る画面は全員が見える位置になっていますか。

【教卓や教材】
5　教材は提示する順番に並べましたか。
6　時間が確認できる時計がありますか。自分のいる位置からしっかり見えますか。
7　授業の大まかな流れのメモは教卓に置きましたか。

【その他】
8　実習校の指導教員など実習でお世話になる実習授業の担当教員に挨拶と教案，ワークシートなどを渡しましたか。
9　学習者の名前は名簿などで確認しましたか。
10　靴は音が鳴らないもの(ゴム底の靴)ですか。歩きやすい靴ですか。

★(92) 実習全体の振り返りをしましょう

授業が終了したら下のワークシートを使って振り返りをしましょう。

振り返りのチェック項目

ワークシート28 振り返りのチェック項目

●時間配分
1. 時間配分は指導案の通りでしたか。
2. 授業の流れは指導案の通りでしたか。
3. 学習者に質問するタイミングは、前後の流れに沿ってスムーズにできましたか。

●語彙・文法のコントロール
4. 学習者への質問は、既習語彙と既習文法だけを使って言いましたか。まだ学習者が勉強していない語彙や文法を使ってしまいましたか。
5. 勉強している語彙（既習語彙）や文法（既習文法）を使って学習者が自分のことを話せる質問をしていますか。

●ティーチャートークのコントロール
6. 自分（先生役）は話しすぎていませんか。
7. 自分（先生役）の話すスピードは学習者にとって速すぎたり遅すぎたりしませんか。

●授業の流れは適切でしたか
8. ウォームアップができましたか。
9. Can do（授業の目標）を学習者に考えさせられましたか。
10. インプットは適切でしたか。
11. 発音に慣れるためのアウトプット練習は適切でしたか。
12. 自然な場面でのアウトプット・定着のためのアウトプットは適切でしたか。

●教室環境の管理
13. 教卓は、整理できていましたか。次に使う教材が取りやすい位置にありましたか。
14. 先生の靴は音が鳴らないものでしたか。
15. 机と椅子は、学習者どうしが練習しやすい位置に配置できましたか。

●教具・教材
16. パワーポイントや教材を提示するタイミングは、前後の流れに沿ってスムーズにできましたか。

17 パワーポイントや教材の提示の位置はクラスの学習者全員に見やすい位置でしたか。

18 パワーポイントや教材は学習者からよく見えましたか。小さすぎて見えないことがありませんか。

19 音声は教室のどこから出ますか。聞こえにくい場所はなかったですか。

●板書

20 板書は整理されて，見やすかったですか。赤のチョークは学習者が見にくいことがあります。一番後ろの席から見て色・字が小さすぎませんでしたか。

●クラスコントロール

21 様々な学習者（例　授業に集中できない学習者や質問をしてくる学習者など）に柔軟に対応できましたか。

22 適切な時にクラス全体を見渡すことができましたか。

●学習者とのインターアクション

23 学習者とのインターアクションは適切な回数確保できましたか。少なすぎませんでしたか。「はい」としか答えられない学習者を適切に導くことができましたか。

24 学習者とのインターアクションはスムーズでしたか。テンポよくできましたか。

25 教員の立つ位置は，教卓のところだけでしたか。学習者に必要な場合に近寄ることができましたか。

26 学習者に笑顔で接したり，ほめたりすることができましたか。適切なアイコンタクトはできましたか。

ワークシート29　ダイアリ

☞別冊の最後のページに見本があります。

★(93)日本語教員としての目標・ビリーフ（4）授業実践（実習）を終えた後の変化

ワークシート30　日本語教員としての目標・ビリーフ（4）授業実践（実習）を終えた後の変化

　授業実践（実習）を終えてみて，自分が日本語教員として授業をするときのビリーフ・目標は変化しましたか。1章で初めに書いたワークシート2（8ページ）をみて，現在のビリーフ・目標を書いてください。どう変化しましたか。

質問1　次に自分が授業実践（実習）をする時に大切にしようと思うこと（ビリーフ）は何ですか。

質問2　授業の実践（実習）の目標は何ですか。

質問3　一連の授業実践（実習）を終えた時，どんな日本語教員になっていたいですか。

実習ダイアリ（ワークシート10　見学報告シート／ワークシート29 ダイアリ）		
氏名		
日付	科目名	教室

選択した見るポイント／チェック項目の番号（56〜57ページ）

今日したこと（授業の見学，実習の準備，実習の授業，その他（　　　）） 　　　　　　　　　　　　　　　　　　　※どれか1つに○をつけましょう。 学習者　　　人 （　　　　　）語母語話者（　　）人，（　　　　　）語母語話者（　　）人， （　　　　　）語母語話者（　　）人，（　　　　　）語母語話者（　　）人， （　　　　　）語母語話者（　　）人，（　　　　　）語母語話者（　　）人

気づいたこと・気になったこと

分析・考察

今後の実践のためのメモ

実習校の担当教員	サイン
指導教員	サイン

別冊 38

ひつじ書房　本書についてのページ
https://www.hituzi.co.jp/hituzibooks/ISBN978-4-8234-1262-2.htm

動画およびオンライン資料

https://padlet.com/jishuguidebook/jishuguidebook